퀴어문화축제
방해 잔혹사

퀴어문화축제 방해 잔혹사

사랑이 혐오를 이겨 온 10년

뉴스앤조이 기획
구권효·나수진 지음

한티재

이웃을 사랑하는, '선한 일'에 관한 책

한채윤(성소수자 인권활동가, 비온뒤무지개재단 상임이사)

저자는 자신이 개신교계 언론사인 《뉴스앤조이》에 입사한 2012년만 해도 성소수자는 '변방의 이슈'였다고 고백하며 책을 시작한다. 한국 개신교계엔 늘 더 중요한 이슈가 많았기 때문이다. 교회 세습이나 목회자의 성폭력과 횡령 등이 끊임없이 터졌으니 그럴 만도 하다. 저자의 고백처럼 나 역시 비슷했음을 밝혀야 할 것 같다. 1990년대 말에 성소수자 인권운동을 시작할 때에 개신교는 나에게 '변방의 이슈'였다. 물론 기독교를 믿는 성소수자들이 죄의식에 시달리는 것을 보면서, 조금이라도 도움이 되기 위해 미국의 다니엘 A. 헬미니악 교수가 쓴 『성서가 말하는 동성애』 번역서를 2001년에 발간하는 등의 활동을 했지만 개신교와 성소수자 사이에 크게 영향을 주고받을 일은 없었던 것도 맞다.

하지만, 2007년 10월부터 모든 것이 달라졌다. 보수 개신교 진영은 차별금지법 제정을 반대했다. 교회를 탄압하는 법이라는 선동은 꽤나 효과적이었고 결국 법 제정은 무산되었다. 이때부터였다. 개신교는 더 이상 변방의 이슈가 아니게 되었다. 2010년 무렵엔 학생인권조례 제정과 군형법 제92조 개정을 반대했고, 급기야 2014년엔 수천 명이 나와 퀴어문화축제를 물리력으로 방해하는 지경에 이르렀다. 이후로 멈춤 없이 혐오와 차별을 강화하더니 2020년대에 접어들면서 그 칼날은 개신교 내부로까지 향했다. 성소수자를 축복한 목사는 정직 징계를 받고, 성소수자 인권을 존중하자는 책을 쓴 교수는 면직·출교 당했다. 무지개 옷을 입는 퍼포먼스를 했다는 이유로 신학대생은 학교에서 쫓겨났다. 더 걱정되는 것은, 이런 보수 개신교 기반의 반동성애 운동이 점점 더 조직화되어 이제는 포괄적 성교육을 공격하고, 공공 도서관의 도서를 자신의 입맛대로 검열하는 일까지 서슴지 않는다는 사실이다. 이웃과 세상을 향한 따뜻한 환대와 넉넉한 포용이 사라진 종교를 어찌 종교라 부를 수 있을까. 타인을 이해하고 사랑하는 법 대신 약자를 배제하고 다양성을 미워하는 것부터 가르치는 것이 어떻게 교육이라 할 수 있을까. 성소수자 혐오가 신앙이 되고, 종교가 정치세력화를 도모하는 현실을 어찌하면 좋을까.

이런 고민이 한국 사회 전체가 떠안은 숙제가 된 지금, 바로 이 책이 나왔다. 너무 늦지 않게 적절한 시기에 우리에게 도착한 『퀴어문화축제 방해 잔혹사』의 가치와 미덕은 그러하기에, 아주 명료하다.

첫째, 보수 개신교가 드러낸 성소수자 혐오를 가장 압축해서 파악할 수 있는 '퀴어문화축제 방해'와 '성소수자 괴롭힘'의 역사를 일목요연하게 시기와 지역별로 정리한 첫 도서로서 의미가 있다. 특히, 2014년에 서울 신촌에서 퀴어퍼레이드 행진을 막기 위해 가짜로 만들어졌던 세월호 추모 행사에서 사회를 맡았던 이의 증언이 담겨 있는 것은 중요한 기록이 아닐 수 없다.

둘째, 전국 각지에서 퀴어문화축제를 준비하는 기획단의 목소리를 한곳에 다 담았을 뿐 아니라 잔혹한 방해를 받으면서도 어떻게 꿋꿋하게 버티었는지, 축제 기획단이 바라보는 종교의 모습이 과연 어떠했는지를 생생한 인터뷰로 전한다는 점에서도 독자들에게 소중한 읽기 자료가 될 것이다.

이어 주목해야 할 세 번째 미덕은 책을 기획하고 글을 쓴 곳이 다른 곳도 아니고 개신교계의 언론이라는 점, 지난 10년간 발로 뛴 취재를 바탕으로 기자들이 2014년과 지금 달라진 자신의 관점에 대한 성찰까지 담아 냈다는 점이다. 이런 까닭에 이 책은 성소수자와 개신교인 사이를 연결하는 가교 역할을 충분히 할 것이다.

그리고 마지막으로 하나의 덕목이 더 남아 있다. 몇 달 전, 개신교인을 대상으로 차별금지법과 혐오에 대한 강의를 한 적이 있다. 수강생 한 분이 후기를 써 주셨는데 그 글의 마지막에 "선한 일을 하다가 낙심하지 맙시다. 지쳐서 넘어지지 아니하면, 때가 이를 때에 거두게 될 것입니다"라는 성경 구절이 인용되어 있었다. 나는 이 말씀이 참 멋지고 적절하다고 생각되어 성경의 어디에 있는 구절인지 찾아보았다. 갈라디아서 6장 9절이었다. 내친 김에 이 구절을 인용한 여러 교회의 설교문을 찾아보았다. '선한 일'을 뭐라고 해석했는지 궁금해서였다. 그런데 이상했다. 대부분의 설교는 낙심하지 말라, 포기하지 말라에만 초점이 맞추어져 있었다. '선한 일'이 무엇인지를 알아야 이를 행할 텐데 무엇이든 꾸준히 하라는 메시지로만 다루고 있었다.

목사님이 차별금지법 때문에 교회가 망하게 되니 제

정을 반대하라고 하면 사실관계 확인도 없이 국회의원 사무실에 항의 전화를 거는 것이 선한 일일까. 성소수자들에게 너희는 지옥에 갈 거라고 외치는 것이 선한 일일까. 성소수자 인권 관련 강의가 열리면 취소하라고 피켓 들고 입구를 막는 것이 선한 일일까. 서 있는 트럭 아래로 스스로 기어 들어간 다음에 퀴어문화축제 차량이 사람을 치고 지나갔다고 거짓을 퍼트리는 것이 선한 일일까. 역설적이게도 갈라디아서는 바울이 율법을 지켜야만 진짜 기독교인이라며 사람을 구속하고 억압하는 이들에게 맞서기 위해 쓴 글이 아닌가. 이 배경을 떠올린다면, 설사 자신의 입장에서는 동성애가 용납되지 않는다고 하더라도, 그 이유만으로 일 년에 한 번 열리는 행사를 이렇게까지 집요하게 악의를 품고 방해하고 괴롭히는 것이 사도 바울이 권한 기독교인으로서 해야 할 선한 일이 아님을 알 수 있다.

마태복음에서 예수님도 기독교인이 지켜야 할 가장 중요한 계명이 무엇이냐는 율법학자의 질문에 분명 '네 이웃을 네 몸과 같이 사랑'하는 것이라고 하셨다. 나와 다른 생각과 가치관을 가진 이웃을 이해하고 싶으면 먼저 가만히 곁으로 다가와 이웃의 이야기를 귀 기울여 듣고, 선한 사마리아인이 그러했듯이 타인을 친절하고 다정하게 대하라는 말씀이셨을 것이다.

　이제 이 책의 빛나는 네 번째 가치는 바로 이 책 자체가 이웃을 사랑하는 선한 일을 낙심하지 않고 행하는 실천이라는 데에 있다. 《뉴스앤조이》는 2018년에 반동성애 운동을 이끄는 목사와 단체 대표들이 퍼트리는 허위 정보를 지적하는 기사를 썼다가 고소를 당해 3년간 고된 법적 싸움을 해야만 했다. 대법원에서 최종적으론 승소를 했으나 1심에선 패소를 겪는 등 마음고생이 컸을 것이다. 게다가 성소수자의 곁에 선다는 이유로 후원이 끊어지는 경우도 잦았다. 이런 정도의 고난이라면 성소수자 관련 기사는 아예 다루지 않는 방법을, 다시 변방의 이슈로 관심을 돌리는 선택을 할 수도 있겠지만, 《뉴스앤조이》의 기자들은 낙심과 포기 대신 보수 개신교가 어떻게 이웃을 차별하고 혐오했는지를 기록하는 열두 편에 달하는 시리즈 기사를 기획하고, 취재 과정을 담은 다큐멘터리 영화까지 제작했다. 너무 당연하게도 이 훌륭한 기사는 2023년 7월에 민주언론시민연합에서 선정하는 '이달의 좋은 보도상'을 수상했다. 만약 '가장 용기 있는 보도상'이란 부문이 있었다면 그 또한 《뉴스앤조이》가 수상했을 것이다.

　예수님의 가르침대로 이웃을 네 몸과 같이 사랑하

고, 낙심하지 않고 선한 일을 꾸준히 이어 가고자 하는 노력이 한 권의 책으로 묶여 나왔다. 이 책이 보수 개신교의 혐오와 차별에 상처받은 이들에게는 위로가 되고, 개신교인들에겐 선한 일이 무엇인지에 대해 생각해 보는 계기로 널리 널리 읽히기 바란다.

한국 개신교의 비극, '퀴어문화축제 방해 잔혹사'

1.

성소수자는 '변방의 이슈'였다. 내가 《뉴스앤조이》에 입사한 2012년만 해도 그랬다. 개신교계에는 그보다 훨씬 더 중요해 보이는 일이 많았다. 대형 교회 세습, 유명 목회자의 성폭력과 횡령, 설교 및 논문 표절, 교회와 정치권의 유착 등등. 선배들이 일찍 떠나 버려 3년 차부터 선임 기자가 되어 버린 나는, 늘 성소수자 이슈보다 '더 중요한' 이슈를 취재했다.

《뉴스앤조이》 논조에서도 잘 드러난다. 2013년 국회에 차별금지법이 다시 한번 발의됐을 때, 우리는 찬반 양론을 모두 다뤘다. 기계적인 중립을 택한 것이다. 좋게 말하면 모든 의견을 보여 주고 판단은 독자들에게 맡기는 것이었고, 나쁘게 말하면 판단을 독자들에게 미뤄 둔 채 비난을 면하려는 것이었다. '잘 몰랐다'는 표현이 맞을 것이다. 당시 《뉴스앤조이》 구성원들이 다 그랬다.

나 스스로도 별다른 생각이 없었다. 극우·보수 개신교 단체나 목사, 언론에 대한 신뢰가 없어서 그들의 주장은 믿지 않았지만, 그렇다고 어떤 분명한 생각을 가지고 있는 것도 아니었다. 물론 사회적으로 성소수자를 차별하면 안 된다는 생각은 있었다. 하지만 만약 십여 년 전 나에게 "성경적으로 동성애는 죄냐, 아니냐"라고 질문한다면 뭐라 답했을지 장담하기 어렵다. 성소수자가 아닌 데다가 모태신앙으로 30년간 보수적인 교회에서 열심히 신앙생활을 했다는 것이 핑계라면 핑계다.

교계의 변화는 생각보다 빨랐다. 2015년부터 주류 교회와 교단, 연합 기관들이 동성애 반대에 열을 올리기 시작했다. 몇 년 전만 해도 일부 극우적 개신교 시민단체에서만 통용되던 극단적 주장이 어느새 주류 교회 지도자들의 입으로 옮겨 갔다. 그해 서울과 대구퀴어문화축제가 열리기 전 유명 연합 기관과 대형 교회 목사들이 모여 '한국교회동성애대책위원회'를 만들었다. 이들은 퀴어문화축제에 맞춰 '맞불 집회'를 대대적으로 열기 시작했다.

2023년 서울퀴어문화축제 반대 집회 '거룩한 방파제'까지 이어지는 이 현상은, 이제 주류 한국교회가 가장 공들이는 부분이 '반동성애'라는 것을 보여 준다. 퀴어문화축제 반대 집회는 개신교계에서 연중 최대 규모의 행사가 됐다. 사랑을 이야기하는 교회가 누군가를 반대하고 정죄하고 혐오하는 일에 연중 가장 큰 힘을 쏟고 있는 현실. 이것이 지금 주류 한국교회의 현주소다.

2.

내가 편집국장을 맡았던 2017~2020년 사이, 《뉴스앤조이》는 소위 '반동성애 강사'들에게 열 건이 넘는 소송을 당했다. '한국교회수호결사대'라는 무시무시한(?) 이름의 단체는 몇 달간 우리 사무실 앞에서 기자회견과 시위를 벌이며 '폐간'하라고 압박했다. 극우·보수 교계 언론들은 이때다 싶었는지 《뉴스앤조이》가 반기독교 단체라는 기사를 쏟아 냈다. 반동성애 단체들은 우리 후원 교회들에 일일이 전화해 후원을 끊으라고, 언제까지 끊지 않으면 '반기독교 언론 《뉴스앤조이》를 후원하는 교회'라고 신문에 대문짝만하게 실을 것이라 협박했다.

애초에 많지도 않았던 후원 교회와 후원자가 많이 떨어져 나갔다. 소송은 결과적으로는 이겼지만 1심에서 어처구니없는 이유로 패해 손해배상금 3,500만 원이 필요했다. 당장 망해도 이상하지 않았다. 반동성애 진영뿐 아니라 우리 후원자와 독자들도 말했다. "왜 그렇게 동성애에 집착하느냐", "동성애 기사 쓰지 않아도 교회 비리 기사 쓸 것 많지 않느냐", "반동성애 진영 의견도 다뤄야지 너무 한쪽으로만 치우친 것 아니냐" 등등.

성소수자에 대한 관심과 집중은 《뉴스앤조이》 내부에서 기인한 것이 아니다. 주류 한국교회가 빠르게 반동성애로 결속했기 때문에 '기독교 신문'인 《뉴스앤조이》도 성소수자 이슈를 취재할 수밖에 없었던 것이라고 해야 맞다. 동성애에 집착하는 건 우리가 아니라 한국교회였다. 별 관심이 없었던 나와 기자들도 어쩔 수 없이 성소수자에 대해 공부해야 했다. 저널리즘적 관점으로, 선입견을 내려놓고 사실관계를 따져 보고 의견의 타당성을 검토했다.

결과는 참담했다. 몇몇 극단적 주장을 펼치던 사람에게서 시작된, 이제는 주류 교회가 철석같이 믿고 있는 성소수자와 관련한 정보들은 거의 모든 것이 왜곡·과장됐다는 사실을 확인했다. 교계에 퍼진 주장을 하나하나 검증할 때마다 어떻게 이럴 수가 있는지 우리도 놀랐다. 개신교인들은 이런 잘못된 정보를 '믿고' 성소수자들을 핍박하고 모든 인권 증진을 위한 노력을 '교회 파괴 공작'으로 몰아가고 있었던 것이다. 반동성애 강사와 보수교계 언론의 혐오 선동, 목회자들의 무지, 교인들의 맹종이 빚어낸 거대한 비극이었다.

이런 상황에서 우리가 성소수자에 대한 기사를 쓰지 않을 수는 없었다. 사회적 약자의 인권에 관한 문제라고 인식했기에 이제 기계적인 중립을 택할 수도 없었다. '옳고 그름'의 영역에선 틀린 건 틀렸다고 썼고, (동성애는 죄라고 믿는) '믿음'의 영역에선 성소수자들의 이야기도 한번 들어 보자고 썼다. 그것이 반기독교적이고 교계에서 살아남을 수 없는 일이라면, 어쩔 수 없이 망해야 한다고 생각했다.

3.

2023년을 준비하며, 문득 반동성애 개신교인들의 퀴어문화축제 방해가 10년이 되는 해라는 것이 떠올랐다. 애초에 잘못된 정보를 근거로 성소수자들을 혐오하는 것 자체가 문제인데, 거기서 더 나아가 성소수자들이 마음껏 자신을 드러낼 수 있는 '일 년의 단 하루'를 방해하는 것은 무엇으로도 정당화할 수 없는 일이다. 축제를 반대할 수는 있지만 방해하면 안 된다고, 방해를 목적으로 반대하면 안 된다고 생각했다. 혐오 세력의 절대다수가 개신교인인 상황이니, 지난 10년간 있었던 방해 행위를 우리가 기록으로 남겨야겠다고 다짐했다.

그간 취재해 온 자료들과 각 지역 퀴어문화축제 측에서 제공해 준 자료들을 보고, 또 사람들을 만나 이야기를 들으면서, 퀴어문화축제에서 있었던 일들을 맞춰 나갔다. 반동성애에 경도된 개신교인들이 집회 신고부터 행사 당일에 이르기까지 조직적으로 퀴어문화축제를 방해해 온 역사를 둘러보자니, 잔인하고 혹독한 역사―'잔혹사'라 부를 만했다. 이들의 언어적·물리적 폭력은 집요하고 악랄했다. 즐기는 마음으로 퀴어문화축제에 참여한 성소수자들과 지지자들에게 깊은 상처를 남기는 일이었다.

특히 스크럼을 짜고 드러눕거나 차량 밑으로 들어가는 극단적인 시위는, 국가권력이나 자본 권력에 피해를 입은 억울한 사람들만 하는 행동인 줄 알았다. 평소 교회에서는 점잖은 보수 개신교인들이, 정작 성소수자들에게 어떤 피해를 당하지도 않았으면서 그런 행동을 하는 이유를 어떻게 설명해야 할까. 불법행위를 제재하는 경찰에게 소리를 지르고 경찰마저 폭행하는 현실을 어떻게 설명해야 할까. 한 인터뷰이의 말처럼 "퀴어문화축제에서는 그래도 된다고 생각하는 것"이다.

　법적 처벌과 여론을 의식해서인지 요새는 물리적으로 퀴어문화축제를 방해하는 일은 많이 줄어들었다. 이제는 저들끼리 맞불 '축제'를 벌인다. 혐오 세력은 퀴어문화축제를 깎아내리려 일부러 '문화'라는 말을 빼고 '퀴어축제', '퀴어 행사'라고 부른다. 그러면서도 부스를 차려놓고 공연을 하고 퍼레이드를 하는 등 자신들의 '맞불 집회'를 문화 행사처럼 보이게 하기 위해 퀴어문화축제를 따라 한다. 물리적 방해가 줄어든 것은 다행인 일이지만, 혐오를 문화처럼 보이게 하는 것은 또 다른 위험 요소다.

　퀴어문화축제 자체가 아닌 퀴어문화축제 '방해 행위'에 집중하는 기획이었지만, 혐오하는 자들에게 스포트라이트를 비추고 싶지는 않았다. 주인공이 있다면 혐오에 저항하면서 계속해서 희망을 만들어 나가는 사람들이어야 했다. 전국에서 퀴어문화축제를 준비하고 참여하는 사람들의 이야기를 듣고자 했던 이유다. 어쩌면 떠올리기 싫은 기억을 떠올리고, 하고 싶지 않은 이야기를 해준 인터뷰이들에게 다시 한번 감사의 인사를 전한다. 주제가 주제인지라 방해 행위에 집중돼 더 발전된 이야기를 하지 못한 것은 아쉬움으로 남는다.

4.

이 책의 일차 독자로 개신교인들을 상정하고 썼다. 되도록 보통의, 평범한 개신교인들이 많이 읽었으면 좋겠다. 퀴어문화축제 반대 집회에 많은 개신교인이 나오고 있지만, 나오지 않은 더 많은 개신교인이 이 책을 봤으면 한다. 물론 반동성애로 무장한 개신교인들이 읽는 것도 환영이지만, 그들까지 설득할 자신은 없다. 퀴어문화축제에 거리낌은 있으나, 아직 반대 집회까지 나가지는 않은 사람들. 그런 사람들에게 이 책이 퀴어문화축제를 방해하는 행위가 기독교적으로, 시민사회의 상식적으로 타당한 것인지 생각해 보게 하는 계기가 될 수 있다면, 나무에게 미안하지는 않을 것 같다.

성소수자에 대한 오해를 걷어 내는 데 가장 확실한 방법은 성소수자를 직접 만나서 이야기를 들어 보는 것이다. 반동성애 개신교인들을 보면서, '주변에 성소수자가 한 명이라도 있다면 저렇게까지 하지는 못할 텐데'라는 생각을 많이 했다. 이 책에는 전국 8개 지역에서 퀴어문화축제를 준비하거나 축제에 참여해 온 성소수자 당사자와 앨라이들의 인터뷰가 실려 있다. 주변에 이야기를 들을 성소수자가 없다면 이렇게라도 그들의 이야기를 들어 봤으면 좋겠다. 물론 본문으로 넘어가기 전, 선입견은 내려놓아야 한다.

또 한 가지 바람이 있다면, 이 책이 이 땅에서 차별받는 성소수자들과 지지자들, 그들 중 특히 개신교인들에게 조금이나마 힘이 되었으면 한다. '퀴어 대 개신교'라는 구도는 잘못된 것이며, 오히려 참된 그리스도의 길 ─ 환대와 포용과 평등의 길은 주류 교회가 아닌 퀴어한 사람들이 걷고 있다는 사실을 기억해 줬으면 좋겠다. 집요하고 악랄한 혐오에 끈질기게 저항하며 피워 낸 그 축제에서 희망을 보는 사람들이 앞으로 더 많아질 것이다.

성소수자는 이제 변방의 이슈가 아니다. 아니, 어쩌면 '성소수자를 어떻게 바라보고 대할 것인가'는 작금의 한국교회에 가장 중요한 이슈다. 십여 년이 지나도 교회 세습이나 목회자의 횡령·성폭력이 여전한 이유는 무엇인가. 교회 내 권력관계가 비대칭하기 때문이다. 교회가 평등하지 않기 때문이다. 누구도 배제되지 않는 교회, 아무도 차별받지 않는 평등한 교회. 지금 시대에 그런 감각은 성소수자를 환대하는 것에서 배울 수 있을 것이다. 든든

한 지지자 민김종훈(자캐오) 사제의 말로 글을 마친다.

"그런 의미에서 퀴어문화축제는 그리스도인에게도 배움의 장이다."

2023년 7월

저자들을 대표하여

구권효

차 례

01.
남의 잔치에 재 뿌리는 개신교인들

2014~2023년,
10년간 축제 방해 목적으로 반대 집회…
'혐오 세력' 된 극우·보수 개신교

2019년 6월 1일 서울에서 열린 퀴어문화축제 반대 집회 모습. ©뉴스앤조이

"여러분! 지금 동성애자들이 행진 경로를 바꿨답니다! 저기로 가서 막아야 합니다! 모두 일어나세요!"

덩치 큰 남성의 쩌렁쩌렁한 외침에 집회 참석자들은 우르르 자리에서 일어나 그가 가리킨 방향으로 달려갔다. 집회 사회를 보고 있던 권 아무개 씨는 우락부락한 남성에게 마이크를 뺏긴 채 멍하니 서 있었다. 수천 명이 앉아 있던 좌석은 순식간에 텅 비었다. 권 씨는 지금 눈앞에 펼쳐지는 광경이 무엇을 의미하는지 이해하기 어려웠다. 아니, 이해는 했지만 받아들이기 어려웠다.

2014년 6월 7일 토요일 오후 6시경 서울 신촌 연세로 '차 없는 거리'. 권 씨는 '세월호 추모 공연'이라고 이름 붙인 집회의 사회자로 무대에 서 있었다. 전날 아는 목사에게 섭외 연락을 받았을 때, 세월호 추모 공연 사회이고 "동성애를 반대하는 부분도 있다"고 들었다. 그런데 정작 집회에서는 '세월호 추모'는 온데간데없고 온통 '반동성애' 구호뿐이었다. 이날 연세로에서는 제15회 서울퀴어문화축제가 열리고 있었다.

이상한 점은 한두 가지가 아니었다. 하루 전 섭외 전화를 받은 권 씨는 그저 작은 규모의 추모 공연이겠거니 했다. 하지만 연세로 '차 없는 거리'가 시작되는 오후 2시가 되자, 곧바로 무대 차량과 좌석이 일사불란하게 세팅되기 시작했고 이어 수천 명이 자리했다. 공식적인 사회자는 권 씨였으나, 처음부터 덩치 큰 남성이 단상에 올라와 '국민의례'를 진행했다. 명색이 세월호 추모 공연이라 현수막도 있고 음악 공연 순서도 있었는데, 몇 되지도 않는 팀이 반복해서 무대에 올라오는 것 같았다. 퀴어퍼레이드가 시작될 때까지 시간을 끄는 것이었다.

"그 응원 구호 있잖아. '대~한민국! 짝짝짝짝짝!' 그거 좀 해 줘."

"목사님, 아무리 그래도 추모하는 자리에서 응원 구호는 좀 아닌 것 같은데요. 차라리 묵념의 시간을 가지는 게 어떨까요?"

"아니, 저쪽 기세가 지금 엄청 세잖아. 거기에 밀리면 안 된다고. 그리고 종교적인 구호를 외치면 집회·시위법에 걸릴 수도 있으니까 '대한민국' 구호를 꼭 해 줘."

"……"

집회를 주최한 목사에게 이 말을 들었을 때, 권 씨는 이 집회의 목적이 세월호 추모가 아니라는 것을 확신했다. 당장 그만두고 싶었지만 그에게 한 가지 걸리는 말이 있었다. 주최 측이 "이 자리에 세월호 유가족이 와 있다"고 한 것이다. 사실인지 아닌지 알 수 없었으나, 혹시 그분들이 상처받을까 봐 권 씨는 끝까지 자리를 지키려 했다. 하지만 갑자기 단상에 올라와 마이크를 뺏어 든 덩치 큰 남성 때문에 그조차도 의미 없게 됐다. 참석자들은 자리를 떠나 어느새 반동성애 구호를 외치며 퀴어퍼레이드 차량을 온몸으로 막고 있었다.

2014년:
잘못 끼운 첫 단추

한국에서 '퀴어문화축제'는 2000년 처음 시작됐다. 일 년에 한 차례 열리는 퀴어문화축제는 말 그대로 성소수자들과 그들을 지지하는 사람들의 축제다. 성소수자들이 자신을 드러내는 일은 특별한 의미를 지닌다. 성별이분법과 이성애 중심 사회에서 억눌린 성소수자들이 이날 하루만큼은 온전히 자기 자신으로 살 수 있다. 또한 우리 사회에 성소수자들이 함께 살고 있다는 사실을 알리는 역할도 한다. 퀴어문화축제는 2000년 서울을 시작으로 2009년 대구, 2017년 부산·제주, 2018년 인천·광주·전주, 2019년 경남, 2021년 춘천 등으로 퍼져 나갔다.

보수 개신교계는 애초부터 '동성애는 죄'라는 기조를 가지고 있었지만, 이를 정치적·사회적으로 활발하게 드러내지는 않았다. 그러다 2007년 국회에 차별금지법이 발의되자, 보수 교계는 적극적으로 목소리를 내기 시작했다. 개신교계의 반동성애 주장은 한국 사회에서 차별금지법이 발의되는 시점과 맞물려 커졌다 작아지기를 반복했다. 퀴어문화축제는 꾸준히 열리고 있었는데, 2013년까지는 개신교인들이 축제 장소에 찾아가 물리적으로 훼방을 놓는 일은 없었다.

개신교인들이 남의 잔치에 재를 뿌리기 시작한 것은 2014년 6월 7일 서울 신촌에서 열린 제15회 서울퀴어문화축제가 처음이었다. 앞에서 언급한 권 씨의 경험과 같이, 퀴어문화축제 반대 집회는 '세월호 참사 추모 공연'을 가장해 진행됐다. 집회를 주도한 단체는 에스더기도운동본부, 예수재단, 신촌동성애반대청년연대, 홀리라이프, 탈동성애인권기독교협의회 등이었다. 이들은 퀴어문화축제를 방해하고 퍼레이드를 저지하기 위해 국민적 참사인 세월호를 이용했다. 상식 이하의 파렴치한 행동이었지만 무엇이 잘못인지도 모르는 듯했다.

"동성애가 너무 큰 문제이기 때문에 그래도 된다는 듯이 이야기하더라고요." 권 씨는 말했다.

이 단체들이 '차 없는 거리' 시간이 되자마자 일사불란하게 무대와 좌석을 설치한 곳은 퀴어퍼레이드 경로였다. 애초부터 퀴어퍼레이드를 방해할 목적이었던 것이다. 퀴어문화축제 측이 마찰을 피하기 위해 행진 코스를 바꾸자, 반동성애 집회 참가자들은 또다시 일사불란하게 퀴어퍼레이드 행렬을 쫓아가 행진 차량을 막아섰다. 스크럼을 짜고 드러누워 꼼짝하지 않았다. 경찰이 비키라고 해도 막무가내였다. 성소수자에 대한 잘못된 정보를 넘어 온갖 욕설과 비방, 저주가 난무한 것은 물론이다.

경찰의 미온적인 대응과 개신교인들의 방해로 퀴어퍼레이드 차량은 몇 시간 동안 멈춰 있을 수밖에 없었다. 하지만 퀴어퍼레이드에 참석한 성소수자들과 지지자들은 행진을 포기하지 않았다. 오후 5시부터 시작해 한 시간 남짓이면 마무리됐을 퍼레이드는 밤 10시가 되어서야 끝났다. 예정대로 행진을 마친 참석자들은 서로 얼싸안으며 환호했다. 그야말로 축제 슬로건에 걸맞은 행진이었다. '사랑은 혐오보다 강하다.'

2014년은 퀴어문화축제 방해 행동의 원년이라 불릴 만하다. 반동성애 사상으로 무장한 개신교인들은 서울

뿐 아니라 6월 28일 열린 제6회 대구퀴어문화축제도 방해했다. 대구기독교총연합회와 예수재단, 에스더기도운동본부 등에서 동원된 개신교인 약 1,000명이 대구 퀴어퍼레이드 행진 경로를 막았다. 행진 차량 앞에 압정을 깔아 놓기도 했다. 개신교인들의 막무가내식 방해에 퀴어문화축제 측은 행진 코스를 변경할 수밖에 없었다. 일부 개신교인은 행진을 쫓아가면서 혐오 발언을 지속했다.

애초에 성소수자에 대한 잘못된 정보에서 출발했기에 정당성은 없지만, 집회를 열어 퀴어문화축제를 반대하는 행위는 현행법상 문제가 되지는 않는다. 그러나 축제를 반대하는 것과 방해하는 것은 다르다. 신고를 마친 다른 집회를 방해하는 것은 엄연한 불법행위다. 개신교인들은 단순히 자신들의 의견을 개진하기 위해서가 아니라, 퀴어문화축제를 방해하기 위한 의도로 반대 집회를 시작했다. 첫 단추부터 단단히 잘못 끼운 것이다.

2015~2016년:
대형 교회·교단의 합세

퀴어문화축제 방해는 2015년부터 더 조직적이고 극렬해졌다. 2014년에는 몇몇 반동성애 기독교 시민단체를 중심으로 방해 행위가 있었다면, 2015년부터는 한국교회 주요 연합 기관들이 참여하면서 이들이 큰 우산이 돼주는 모양새가 됐다. 퀴어문화축제가 진행되는 6월을 앞두고 한국기독교총연합회·한국교회연합·한국장로교총연합회·미래목회포럼·한국교회언론회 등 보수 교계 단체들은 '한국교회동성애대책위원회'를 구성했다. 이영훈 목사(여의도순복음교회), 소강석 목사(새에덴교회) 등 대형 교회 목사들이 참여하면서 인적·물적 동원이 더 용이하게 됐다.

2015년 6월 서울시청광장에서 열린 제16회 서울퀴어문화축제와 7월 대구 동성로에서 열린 제7회 대구퀴어문화축제 때도 개신교인들의 반대 집회가 열렸다. 특히 이때부터 반동성애 개신교인들은 퀴어문화축제를 아예 열지 못하게 하기 위해 경찰에 먼저 집회 신고를 하려는 전략을 짰다. 축제 장소가 알려지자 개신교인들은 집회 신고가 가능한 날로부터 2~3일 전, 길게는 일주일 전부터 경찰서 앞에서 노숙을 했다. 어쩔 수 없이 퀴어문화축제를 준비하는 조직위원회 차원에서도 집회 신고를 위해 노숙을 할 수밖에 없었다.

서울퀴어문화축제와 퍼레이드는 6월 28일 열렸다. 이날 한국교회동성애대책위원회, 홀리라이프, 탈동성애인권기독협의회, 에스더기도운동본부, 나라사랑&자녀사랑운동연대, 대한예수교장로회 합동한성 등이 퀴어문화축제가 열리는 서울시청광장을 에워싸듯 주변 곳곳에 자리를 잡고 반대 집회를 진행했다. 전광훈 목사(사랑제일교회)도 단상에 서서 혐오 발언을 쏟아 냈다. 경찰이 서울시청광장을 펜스로 두르고 퍼레이드 경로를 확보해 물리적인 충돌은 없었지만, 개신교인 약 1만 명이 모여 곳곳에서 퀴어문화축제 참가자들에게 언어폭력을 자행했다.

그다음 주 토요일 열린 제7회 대구퀴어문화축제에도, 대구기독교총연합회 등에서 동원한 개신교인 1,000여 명이 축제를 방해했다. 이들 역시 퀴어문화축제가 열리는 동성로 주변 곳곳에 집회 신고를 내고 진을 쳤다. 퀴어퍼레이드 때는 행렬을 따라다니며 혐오 발언을 내뱉었고, 몇몇 개신교인은 달려들어 행진을 방해했다. 교회 장로라고 밝힌 사람은 '인분 테러'를 하기도 했다.

2016년부터 보수 교계는 '동성애·이슬람 반대'를 교회의 사명처럼 여기기 시작했다. 한국교회 주요 교단으로 꼽히는 대한예수교장로회 합동·통합·고신, 기독교대한감리회 교단장들은 신년 좌담회에서, 동성애와 이슬람 확산을 한국교회 위기 요인으로 꼽았다. 한국기독교총연합회·한국교회언론회·미래목회포럼 등도 2015년 말부터 공공연하게 동성애 조장·확산을 적극 저지하겠다고 발표했다.

2016년 6월 11일 열린 제17회 서울퀴어문화축제 반대 집회는 전년과 비슷하게 전개됐다. 약 1만 2,000명이 모여 퀴어문화축제가 열리는 서울시청광장을 에워쌌다. 특이했던 점은 대한예수교장로회 합동 직영 신학교인 총신대학교 교직원과 학생 500여 명이 대대적으로 반대 집회에 참석했다는 것이다. 당시 총신대는 언론을 통해 알려진 총신대 내 성소수자 모임 '깡총깡총' 회원들을 색출하고 있었다. 학교 내 성소수자는 용납할 수 없다며 동성애를 절대 반대한다는 의미로 퀴어문화축제 반대 집회에 대거 참석한 것이다. 당시 김영우 총장과 이사회는 총회 및 학생들과도 갈등이 있었는데, 이날만큼은 동성애 반대로 하나가 된 모습을 보였다.

대구기독교총연합회는 6월 27일 제8회 대구퀴어문화축제가 열리기 전 맞불 집회를 하지 않겠다고 밝혔다. 대규모 반대 집회로 주목을 받는 것이 오히려 퀴어문화축제를 부각하는 꼴이 될 수 있다는 판단이었다. 그러나 축제 당일, 개별 단체나 교회에서 반대 집회를 열어 양상은 전년도와 비슷했다. 인분을 투척하거나 연좌 농성을 벌이며 퍼레이드 행진을 막는 극단적인 상황은 일어나지 않았지만, 행진 코스 옆에서 혐오 문구가 적힌 피켓을 들거나 큰 소리로 설교를 하는 등 방해 행동에 적극적이었다.

2017~2019년: 확산하는 퀴어문화축제에 방해 극심

2014년에 시작된 퀴어문화축제 방해 행위는 개신교계에서 연례행사처럼 자리 잡았다. 서울과 대구에서는 집회 신고부터 개신교인들의 방해에 시달려야 했다. 매년 퀴어문화축제가 열리는 장소 인근에서 반대 집회가 진행됐고, 성소수자에 대한 잘못된 정보에서 비롯된 혐오와 비난, 위협과 폭력이 난무했다.

하지만 보수 개신교계의 극렬한 방해에도, 퀴어문화축제는 오히려 전국으로 퍼져 나갔다. 2017년에는 서울과 대구 외에도 부산과 제주에서 퀴어문화축제가 시작됐다. 부산과 제주에 퀴어문화축제조직위원회가 만들어지고 축제를 예고하자 지역 교계는 들썩였다.

2017년 9월 23일 부산 해운대구 구남로광장에서 제1회 부산퀴어문화축제가 열렸다. 부산기독교총연합회와 단체들은 '건강한부산시민만들기시민연대'라는 단체를 만들어, 당일 축제 장소와 약 500미터 떨어진 곳에서 '레알러브시민축제'라는 맞불 집회를 열었다. 이들은 레알러브시민축제 본행사 전부터 퀴어문화축제 장소로 연결되는 해운대역 앞에 혐오 문구가 적힌 현수막을 설치하고 일인 시위를 벌였다. 퀴어퍼레이드 전까지 본행사를 하다가, 퍼레이드가 시작되자 일사불란하게 행진 경로에서 또다시 일인 시위를 했다.

제주에서는 2017년 10월 28일 제주시 신산공원에서 제1회 제주퀴어문화축제가 열렸다. 이때도 개신교인들은 제주시청 쪽에서 반대 집회를 열었다. 혐오 문구가 적힌 현수막과 피켓으로 제주시청 일대가 도배됐지만, 퀴어문화축제 장소와는 약 1킬로미터 떨어진 곳이라 축제에 직접적인 영향을 주지는 못했다. 이들은 퀴어퍼레이드가 시작되는 오후 3시 30분부터 맞불 행진을 시작했다. 중간중간 실랑이는 있었으나, 퀴어문화축제 참여자가 2,000여 명으로 월등히 많아 축제와 퍼레이드는 수월하게 진행됐다.

2018년 퀴어문화축제 방해 행위는 극에 달했다. 2018년에는 인천·광주·전주에서 퀴어문화축제가 시작 됐다. 9월 8일 열린 제1회 인천퀴어문화축제는 반동성애 개신교인 수천 명의 장소 선점, 혐오 발언, 언어적·물리적 폭력으로 무대마저 설치하지 못하는 초유의 사태를 겪었 다. 혐오 세력은 퀴어문화축제가 열리는 동인천역 북광장 에 전날부터 진을 쳤다. 버스와 차량으로 입구를 막아 아 예 무대를 설치하지 못하게 원천 봉쇄했다. 축제 참가자 들이 하나둘 모여들자 이들은 참가자들을 모욕하고 조롱 하며 언어적·물리적 폭력을 가했다.

반동성애 개신교인들의 혐오 범죄가 명백했지만 이 날 경찰의 태도는 소극적이었다. 인천퀴어문화축제조직 위원회가 행사 전부터 안전한 집회를 보장해 달라고 요청 했는데 경찰은 이를 외면한 것이다. 이에 조직위는 10월 3 일 인천 구월동 로데오거리에서 '인천퀴어문화축제 혐오 범죄 규탄 집회'를 열었다. 이때도 반동성애 개신교인 수 천 명이 모여 집회 현장을 에워싸고 혐오 발언을 쏟아 냈 다. 이날 집회에는 행진도 있었는데, 개신교인들은 행진 경로에 스크럼을 짜고 드러눕거나 행진 차량 밑에 들어가 운행을 막는 등 위험천만한 행동을 벌였다.

같은 해 9월 29일 열린 제2회 제주퀴어문화축제에

서도 개신교인들의 방해가 극심했다. 1회 때는 반대 집회 장소가 떨어져 있어 직접적인 방해는 별로 없었는데, 2회 때는 제주시청 인근뿐 아니라 축제가 열리는 신산공원 입구에서도 반대 집회가 열렸다. 100여 명이 혐오 문구가 적힌 현수막과 피켓을 들고 퀴어문화축제 참여자들을 향해 언어폭력을 일삼았다. 퀴어퍼레이드가 시작되려 하자 이들은 공원 입구를 막아 버렸다. 퍼레이드 중간에는 행렬을 따라다니며 혐오 발언을 하거나 행진 차량 밑으로 들어가는 등 적극적으로 방해했다.

10월 21일 5·18민주광장에서 열린 제1회 광주퀴어문화축제 때는 이를 반대하기 위해 광주·전남 지역 교계가 대거 움직였다. 축제 장소와 500미터 떨어진 금남로4가에서 열린 맞불 집회에는 8,000여 명이 참석했다. 이들은 역시나 퀴어퍼레이드가 시작되자 행진 경로에 드러눕고 혐오 발언을 내뱉는 등 방해를 일삼았다. 일부는 동의 없이 사진과 영상을 찍으며 신상을 유포하겠다고 협박했다. 퍼레이드 참가자들을 물리적으로 잡아끌거나 행렬에 쓰레기를 던지는 사람도 있었다.

2019년에도 각 지역에서 퀴어문화축제 맞불 집회가 열렸다. 다만, 반대 집회 참석자들의 불법 행동이 전국적으로 계속되자 경찰은 이들이 퀴어문화축제에 접근하지 못하도록 막았다. 지역 기독교연합회 등 큰 단위에서도 여론을 의식해 반대 집회 참가자들에게 직접적인 충돌은 피하라고 지침을 내렸다. 물론 개인 혹은 삼삼오오로 퀴어퍼레이드 행렬을 가로막거나 퀴어문화축제 참가자들에게 시비를 걸고 물리적 폭력을 행사하는 사람은 있었지만, 퀴어문화축제는 크게 방해받지 않고 마무리됐다. 혐오 세력의 극렬한 반대로 축제를 제대로 열지 못했던 인천퀴어문화축제도 2019년 2회 때는 경찰의 개입 속에 큰 탈 없이 진행됐다.

2019년에는 경남퀴어문화축제가 시작됐다. 11월 30일 창원에서 열린 제1회 경남퀴어문화축제에도 경남 지역 교계에서 동원된 3,000여 명이 반대 집회를 열었다. 창원광장을 사이에 두고 직선거리 약 300미터 떨어진 곳에서 퀴어문화축제와 반대 집회가 진행됐다. 축제 도중 물리적인 방해는 없었지만 퀴어퍼레이드가 문제였다. 원래 광장을 한 바퀴 도는 코스였는데, 광장을 돌면 반대 집회 참가자들이 난입할 것이 불 보듯 뻔했기 때문이다. 결국 퀴어퍼레이드 행렬은 광장을 우회해 돌아와야 했다.

보수 개신교의 방해는 더 조직적이고 극렬해졌지만, 퀴어문화축제는 서울을 비롯해 전국 8개 지역으로 퍼져나갔고 참가하는 사람도 계속해서 늘었다. 2019년 6월

1일 서울시청광장에서 열린 제20회 서울퀴어문화축제에는 역대 최다 인원인 약 15만 명(주최 측 추산)이 참가했다. 경찰도 여러 지역 퀴어문화축제에서의 경험으로, 축제 당일 펜스를 치고 병력을 증강하는 등 혐오 세력이 아예 축제 참가자들에게 접근할 수 없도록 하고 있다.

2020~2023년: 물리적 폭력 줄었지만 다방면으로 괴롭혀

2020년과 2021년에는 코로나19 팬데믹으로 지역마다 퀴어문화축제를 온라인으로 열거나 쉬어 갔다. 반동성애 단체들도 이와 같았다. 다행히 온라인으로 여는 축제까지 쫓아가 조직적으로 혐오 게시물을 올리지는 않았다. 일부 반동성애 단체는 반대 댓글보다는 자체 프로그램에 집중하겠다는 입장을 밝히기도 했다.

2021년 제22회 서울퀴어문화축제는 온라인으로 열렸고, 퀴어퍼레이드는 6월 27일 오프라인으로 진행됐다. 당시 방역 수칙에 따라 50여 명만 참가하고 이를 중계하는 식이었다. 소규모로 진행해서인지 이날 동성애 반대를 외치는 개신교인들은 없었다. 혐오하는 사람들이 없으니 퀴어퍼레이드는 시종일관 평화로웠다. 반동성애 개신교인들의 조직적 방해가 시작된 후로는 보기 힘든 광경이었다.

2021년 11월 20일에는 제1회 춘천퀴어문화축제가 열렸다. 보수 개신교계는 이날 '제1회 춘천 생명·가정·효 대행진'이라는 맞불 집회를 열었다. 맞불 집회에 참석한 100여 명은 퀴어문화축제가 열리는 소양강 처녀상 건너편에 진을 치고 혐오 발언을 계속했다. 한 사람이 경찰이 정해 놓은 선을 넘어와 통성기도를 하는 돌발 행동이 있기는 했지만, 이내 경찰에 제지당했다. 반대 집회는 몇 시간 동안 계속됐으나 물리적인 방해는 없었다.

2022년에는 엔데믹 시대가 되어 가면서 퀴어문화축제도 다시 오프라인으로 열리기 시작했다. 7월 16일 서울을 시작으로, 9월 17일 춘천, 10월 1일 대구, 10월 15일 인천, 10월 22일 제주에서 퀴어문화축제와 퍼레이드가 열렸고, 광주에서는 11월 21~26일을 퀴어문화주간으로 정해 각종 프로그램을 진행했다. 이에 따라 반대 집회도 다시 시작됐다. 혐오 발언과 언어폭력은 여전했으나, 예전과 같이 축제 장소에 난입하거나 퍼레이드 경로를 막아서는 물리적 방해는 줄어들었다.

경찰의 개입과 여론 탓에 예전처럼 물리적 폭력은 일

어나지 않는 추세지만, 언제든 다시 일어나도 이상하지 않은 상황이다. 보수 교계 목회자들과 반동성애 단체들은 2023년 6월 13일 영락교회(김운성 목사)에서 '3000인 목회자 대회, 희망의 대한민국을 위한 한국교회 연합 기도회'를 열었다. 이영훈 목사, 오정현 목사(사랑의교회), 고명진 목사(수원중앙침례교회) 등 대형 교회 목사들이 대거 참여한 이 행사에서는 '포괄적 차별금지법, 학생인권조례, 국가인권기본계획(NAP), 퀴어 행사'에 보수 교계가 공동 대응하기로 천명했다.

2023년에도 보수 개신교계는 퀴어문화축제를 다방면으로 괴롭혔다. 6월 17일 열린 제15회 대구퀴어문화축제는 개최 전부터 상당한 방해에 시달렸다. 개신교계가 주축이 되어 만들어진 대구퀴어반대대책본부라는 단체가 5월 18일, 2022년 제14회 대구퀴어문화축제에서 '불법 상행위'와 '도로 무단 점용'이 있었다며 대구퀴어문화축제조직위원장과 인권팀장을 경찰에 고발한 것이다. 대구퀴어문화축제조직위는 성명을 발표해 "실제 처벌보다는 대구퀴어문화축제를 불법으로 낙인찍고 흠집을 내기 위한 시도로, 혐오와 차별의 선동, 그 이상도 이하도 아니다"라고 비판했다.

대구퀴어반대대책본부와 대구기독교총연합회, 동

성로상점가상인회 등은 대구퀴어문화축제를 아예 열지 못하게 하기 위해 법원에 집회 금지 가처분을 신청하기도 했다. 법원은 축제 이틀 전인 6월 15일 이 사건을 기각했다. 재판부는 퀴어문화축제가 "정치적 약자나 소수자의 의사를 표현하는 유일한 장이 될 수 있다"며 "다양한 사상과 의견의 교환을 보장하는 표현의 자유는 민주주의 근간이 되는 핵심적 기본권이라는 점에서 이러한 표현의 자유 행사를 제한하는 것은 신중할 필요가 있다"고 판단했다.

대구기독교총연합회는 퀴어문화축제 당일 피켓 시위자 모집 및 서명운동 동참, 후원을 요청하는 공문을 소속 교회들에 발송했다. 실제로 대구퀴어문화축제가 열린 6월 17일, 보수 개신교계 단체들과 대구 지역 대형 교회에서 나온 교인 수백 명이 반대 집회와 피켓 시위를 벌였다. 그러나 축제 장소와 거리가 있어 직접적인 영향을 미치지는 못했다. 퀴어퍼레이드 때 몇몇 사람이 난입을 시도하기도 했지만, 이내 경찰에 제지당했다.

2023년 제24회 서울퀴어문화축제는 7월 1일, 예년처럼 서울시청광장에서 열릴 예정이었다. 그러나 서울시청광장 장소 사용을 허가하는 서울시 열린광장운영시민위원회는 심의 끝에 같은 날 장소 사용을 신청한 CTS문화재단의 '청소년·청년 회복 콘서트'에 시청광장 사용을 허가했다. 보수 교계를 대변해 온 언론사 CTS가 굳이 서울퀴어문화축제와 같은 날 같은 장소에서 콘서트를 연다는 것, 이 역시 퀴어문화축제를 원천 봉쇄하고 의지를 꺾어 놓으려는 개신교계의 방해 행위다.

서울퀴어문화축제조직위원회는 급하게 축제 장소를 을지로2가 일대로 바꿔야 했다. 이곳에 집회 신고를 하는 것도 쉽지 않았다. 조직위와 자원봉사자들은 집회 신고를 안전하게 마치기 위해 경찰서 세 곳에서 89시간 동안 릴레이로 줄을 섰다. 이 또한 반동성애 개신교인들의 방해가 없다면 하지 않아도 되는 일이었다. 게다가 보수 교계는 서울시청광장에서 열릴 '청소년·청년 회복 콘서트'와는 별개로 또다시 대규모 반대 집회와 행진을 예고해 축제 전날까지 긴장감을 고조시켰다.

제24회 서울퀴어문화축제는 우여곡절 끝에 7월 1일 을지로2가에서 열렸다. 서울시의회 앞에서는 보수 교계가 총집결해 퀴어문화축제 반대 집회 '거룩한 방파제'를 열었다. 1만 명(경찰 추산)이 모여 개신교의 세를 과시했다. 그러나 거리가 떨어져 있어 반대 집회는 축제에 직접적인 영향을 주지는 못했다. 서울퀴어문화축제에는 1만 3,000명(경찰 추산)이 모여 혐오 세력의 방해 없이 축제를 즐겼다. 정작 축제가 진행되는 시간, 서울시청광장에서 열린 '청소년·청년 회복 콘서트'에 모인 사람은 100명도 채 되지 않았다.

이처럼 반동성애에 경도된 극우·보수 개신교인들의 퀴어문화축제 방해 행위는 10년이 지나도 계속되고 있다. '세월호 추모 공연'을 가장해 반대 집회를 시작한 이들은, 이제 퀴어문화축제가 열리는 장소마다 어김없이 나타나는 불청객이 됐다. 사람들은 이들의 비상식적인 주장과 불법행위, 위협과 폭력을 수년간 경험하고, 반동성애 개신교인들을 '혐오 세력'이라 부르기 시작했다. 비신자들도 개신교의 중심 사상이 '사랑'이라는 것은 안다. 그런데 정작 반동성애 개신교인들은 사랑이 아닌 '혐오'의 대명사가 돼 버렸다.

02.
혐오 세력 방조하는 지자체

개신교 반동성애 진영 민원 폭탄에 장소 불허…
'불법 집회' 선동 빌미 제공

번호	제목
54	동성애축제 반대합니다
53	동성애 축제 취소해주세요
52	동성애행사 취소는 당연한 것!
51	동성애홍보 행사에 왜 서대문구청이 협조합니까?
50	동성애 결사반대합니다.
49	동성애 축제를 반대합니다
48	동성애축제 강력히 반대합니다.
47	<서울퀴어문화축제>라는 이름의 동성애 축제를 반대합니다.
46	동성애자 축제 결사반대합니다...
45	동성애 축제 절대반대

2014년 5월 서울시 서대문구청 홈페이지 민원 게시판 갈무리.

"위원회 요청에 따라 제출받은 민원 사항 내용을 보니까 음란물 전시 사진이라든지 뭐 이런 것들, 자위행위 기구, 유해 물건들을 전시했던 내용들이 있고요. (중략) 여기 그 서울광장에서 있었던 이 행사에 참여하셨던 분들과 그 주변에 그 인근에서 바로 옆에서 이를 반대하는 시위가 또 대규모로 있으셨어요. 저는 어떻게 보면, 시민들의 그 의견이 다르셔서 표출하셨던 상황들인데, 이게 논란이 있다는 거죠. 서울시민의 광장이라는 게, 시민들이 사용할 수 있는 공공성이 되게 강해야 한다는 거죠. 판단 기준에 있어서."

2023년 5월 3일, 서울시청에서 제4차 열린광장운영 시민위원회 회의가 열렸다. 안건은 '서울퀴어문화축제 또는 청소년·청년 회복 콘서트의 광장 사용 신고 수리 결정 건'. 같은 날 두 행사가 신고되면서, 어떤 행사에 광장 사용을 허가할 것인지 선정하는 자리였다. 안건을 설명하는 시청 공무원의 발언이 끝나자, 한 위원이 CTS문화재단의 '청소년·청년 회복 콘서트'를 허락하는 게 맞다는 취지로 발언을 시작했다.

이날 참석한 심의위원 9명 중 퀴어문화축제의 의미·역사를 언급한 이는 단 한 명도 없었다. 대신 '민원'을 근거로, 퀴어문화축제가 청소년들에게 유해하다는 편파성 짙은 이야기가 주를 이뤘다. 한 위원이 "평일에 이것 때문에 학부형들에게 전화 엄청 받았다"고 말하자, 여러 위원이 웃음을 터뜨리기도 했다. 열린광장운영시민위원회는 만장일치로 서울퀴어문화축제 대신 '청소년·청년 회복 콘서트'에 광장을 내주기로 결정했다.

이처럼 반대 민원을 이유로 지자체가 퀴어문화축제에 장소 허가를 내주지 않은 건 2023년 서울시만의 일이 아니다. 2014년 보수 교계의 조직적인 축제 방해가 시작된 이래, 각 지역의 시·군·구청과 경찰 등이 퀴어문화축제 장소 사용을 불허하거나 집회 금지를 통고한 경우는 14회에 달한다. 행사 장소 사용을 허가할 권한을 지닌 지방자치단체들은 퀴어문화축제 개최를 필사적으로 막으려는 보수 교계의 입김에 따라 비일관적으로 장소 사용을 불허해 왔다. 이러한 지자체의 결정은 어떤 면에서는 보수 개신교계의 방해보다 축제에 더 직접적인 영향을 미치기도 한다.

혐오 세력, 지자체를 겨냥하다

퀴어문화축제가 열리는 곳은 광장, 공원, 대로 등 지역사회의 중심부다. 지역민들에게 성소수자의 존재를 드러내고, 함께 살아가는 시민임을 알리기 위해서다. 이 같은 공공장소에서 축제를 열기 위해서는 '집회 및 시위에 관한 법률'에 따라 경찰에 '집회 신고'를 하면 된다. 다만 일부 장소의 경우, 부스 설치 등을 하기 위해서는 집회 신고에 더해 장소를 관리하는 지자체나 공단으로부터 '사용(점용) 허가'를 받아야 한다.

지자체에서 처음으로 장소 사용 불허 결정을 내린 것은 2014년 3월 대구였다. 대구 동성로 일대에서 축제를 열어 오던 대구퀴어문화축제조직위원회는 제6회 대구퀴어문화축제를 2·28기념중앙공원 청소년광장에서 열기로 하고, 이를 관리하는 대구광역시시설관리공단에 장소 사용을 신청했다. 그런데 공단은 장소 사용을 불허했다. 청소년광장에서 퀴어문화축제를 개최하는 것은 곤란하며 "도심 공원은 모든 시민의 휴식처로서 일부 소수인을 위한 특정 행사는 사용 불가하다"는 이유였다.

조직위와 인권 단체들은 성소수자를 청소년에게 유해한 집단으로 매도한다며 대구시청에 공개 질의서를 보내고 면담을 요청하는 등 대응했다. 그러자 공단은 대구시와 국가인권위원회의 자문을 거쳐 5일 만에 불허 결정을 철회했다. 당시 공단 관계자는 "인권의 차원에서 성소수자를 다른 시각으로 볼 필요가 있다는 생각이 들었다"며 허가 이유를 밝혔다.

그때까지만 해도 보수 교계는 퀴어문화축제 개최에 대해 조직적인 반대 움직임을 보이지 않았다. 그러나 대구시의 장소 허가 과정 이후 지자체의 장소 승인 절차를 본격적으로 공략하기 시작했다. 같은 해 6월 7일에는 신촌 연세로에서 서울퀴어문화축제가 열릴 예정이었다. 보수 개신교인들이 주축이 된 신촌동성애반대청년연대 등은 서대문구청 홈페이지 민원 게시판을 반대 의견으로 도배하고, 관계 부처에 집중적으로 항의 전화를 돌렸다. "에이즈를 확산시키는 동성애 축제에 반대한다", "당신의 자녀가 동성애자가 되면 좋겠느냐" 같은 왜곡된 주장과 혐오 발언이 대부분이었다.

보수 교계의 민원 포화를 맞은 서대문구청은 5월 27일, 축제를 일주일여 앞두고 장소 사용 승인 취소를 통보했다. 표면적으로는 세월호 참사의 추모 분위기가 이어지고 있는 상황에서 퀴어문화축제 개최가 적합하지 않다는 게 이유였지만, 실은 보수 교계의 과도한 민원 때문이었다. 당시 서대문구청은 다른 축제나 행사에는 별다른 제한 없이 허가를 내주고 있었다. 축제 일주일 전, 같은 장소에서는 서울퀴어문화축제 두 배 규모 행사인 '유니브엑스포 서울'이 이틀간 열리기도 했다. 조직위는 퀴어문화축제가 인권 행사로서 세월호 참사 애도·추모와 일맥상통하고, 축제 부스에서도 세월호 참사 진상 규명과 관련한 서명운동을 벌일 것이라고 했지만 구청은 받아들이지 않았다.

서대문구인권위원회는 이 같은 결정이 성소수자 차별 행위라며 철회하라고 권고했다. 2014년 6월 5일 서대문구인권위원회 결정문에는 이렇게 적혀 있다. "지방자치단체로서는 민원 발생과 갈등이 예상되는 행사를 승인하는 것에 부담을 가질 수는 있으나, 국가 및 지방자치단체는 그러한 갈등이 발생한다 하더라도 그 과정에서 사회적 소수자가 불합리한 차별과 억압의 대상이 되지 않도록 하고 소수자에 대한 불합리한 편견과 혐오를 불식시키기 위해 노력해야 할 의무가 있다." 그러나 서대문구청은 끝내 권고를 수용하지 않았다. 경찰에 집회 신고를 마친 조직위는 6월 7일 연세로에서 예정대로 축제를 열었지만, 구청의 갑작스러운 '브레이크'에 축제 시작 시간을 오전에서 오후로 미루는 등 혼란을 겪어야 했다.

'불법 집회'라는 빌미를 제공하다

　대구시와 서울시의 장소 불허 결정을 경험한 보수 교계는 지자체가 퀴어문화축제 장소를 내주지 않도록 더욱 결사적으로 나섰다. 축제가 처음 개최되는 지역에서는 이러한 방해가 더욱 극심했다. 이들은 "퀴어문화축제 참가자들이 과다 노출을 한다", "청소년들에게 유해한 물품을 배부·전시한다", "불법 상행위가 벌어진다"는 등의 왜곡·과장된 내용으로 지자체에 민원을 넣었다. 지자체들은 보수 교계의 압박에 그대로 굴복하거나 반대 논리에 기대 퀴어문화축제 장소 사용을 불허하는 모습을 보였다.

　부산퀴어문화축제기획단은 2017년 9월 23일 해운대역 앞 구남로광장에서 제1회 부산퀴어문화축제를 개최하기로 했다. 하지만 해운대구청은 광장 내 원칙적으로 무대 설치가 불가능하고, 당일 '아트마켓'이 열린다는 이유로 도로점용을 불허했다. 한 달 전에는 아트마켓이 열리는 가운데 서병수 당시 부산시장과 홍준표 자유한국당 전 대표의 토크쇼를 허가한 해운대구청이었다. 결국 진짜 이유는 반동성애 개신교인들의 민원이었다. 당시 해운대구청 관계자는 언론 인터뷰에서 "퀴어문화축제에 대해 반대하는 민원이 쏟아지고 있다. 기독교 단체에서 반대 집회를 예고했고, 양측이 충돌할 경우 이들의 안전을 담보할 자신이 없다"고 밝혔다.

부산퀴어문화축제기획단은 경찰에 집회 신고를 해뒀기에 예정대로 퀴어문화축제를 진행했다. 그러자 해운대구청은 기획단에 과태료를 부과했다. 다음 해인 2018년에도 마찬가지였다. 해운대구청은 퀴어문화축제 장소인 구남로광장 도로점용을 불허했고, 기획단이 그대로 축제를 열자 또다시 과태료를 부과하고 기획단장을 형사고발했다.

해운대구청은 2019년에는 한술 더 떠, 축제를 강행할 경우 행정대집행을 하겠다고 위협했다. 결국 부산퀴어문화축제기획단은 참가자들의 안전을 고려해 제3회 부산퀴어문화축제를 취소했다. 기획단은 8월 16일 성명에서 "해운대구청의 부산퀴어문화축제 도로점용 불허는 일부 보수 기독교 단체 등 혐오 세력의 축제 방해를 방관하는, 교묘하고 정치적인 차별 행위"이고, "이는 곧 혐오 세력으로 하여금 축제를 '불법'이라고 허위 선동할 수 있는 근거를 마련해 주었으며, 혐오 세력의 물리적인 폭력과 혐오에 불을 붙여 축제의 안전을 위협하고 있는 것"이라고 비판했다. 9월 21일 구남로광장에서는 축제 대신 '제

2회 전국 퀴어 총궐기'가 열렸고 참석자들은 빗속에서 광장을 행진했다.

부산퀴어문화축제기획단의 성명 내용대로, 반동성애 개신교인들은 지자체의 장소 사용 불허를 빌미로 퀴어문화축제를 '불법'으로 낙인찍었다. 인천광역시 동구청은 2018년 제1회 인천퀴어문화축제 장소인 동인천역 북광장 사용 허가 신청을 반려했다. 인천이 보수적인 지역이라 축제 개최가 부담스럽고, 주최 측이 안전요원 300명과 주차장 100면 등 안전 대책을 확보하지 못했다는 이유였다. 이는 관련 조례에도 나와 있지 않은 터무니없는 요구였다. 반동성애 개신교인들은 지자체의 장소 불허를 근거로 퀴어문화축제가 불법이라고 주장하며, 전날부터 광장을 점거하고 축제 당일 참가자들에게 폭력을 행사했다.

2022년에도 인천대공원사업소는 '도시공원 및 녹지 등에 관한 법률' 제49조 3항 '심한 소음 또는 악취가 나게 하는 등 다른 사람에게 혐오감을 주는 행위'를 이유로 제3회 인천퀴어문화축제 장소인 인천중앙공원 사용을 불허했다. 하지만 인천시 인권보호관회의는 10월 14일 이 처분이 '차별 행정'이라며 인천퀴어문화축제조직위원회가 낸 인권침해 구제 신청을 받아들였다. 인천시 인권보호관회의는 결정문에서 "공원 시설 이용 허가 신청에 대해 합리적 이유 없이 거부 처분을 하는 일이 없도록 재발 방지 대책을 마련하라"고 권고했다.

춘천시는 2022년 제2회 춘천퀴어문화축제 장소인 의암공원 사용을 허가했지만, 공원 내 청소년 시설은 이용하지 못하도록 했다. 차별금지법 제정 촉구 등 '정치 행사'는 공원 사용 제한 규정에 해당한다는 것이었다. 이듬해에는 아예 의암공원 사용을 불허했다. 제2회 춘천퀴어문화축제 당시 물품을 판매하는 등 공원 이용 유의 사항을 위반했고, 한 달간 지역 단체 및 교사회·부모회에서 다수의 반대 민원이 발생했다는 이유였다. 극우·보수 개신교인들은 2023년 5월 14일 열린 축제 장소 인근에서 반대 기자회견을 열고 춘천퀴어문화축제가 불법이라며 목소리를 높였다.

퀴어퍼레이드 길 터 준 법원

반동성애 단체와 개신교인들은 지자체에 축제 반대 민원을 넣는 한편, 퀴어문화축제가 열릴 만한 곳마다 쫓아다니며 집회 신고를 하기도 했다. 집회 신고는 선착순으로 우선순위가 주어지는데, 같은 장소에 먼저 집회를 신고해 행진 또는 축제 개최 자체를 막겠다는 전략이었다. 2015년 제16회 서울퀴어문화축제 당시 보수 교계는 6월 13일로 예정된 축제의 집회 신고를 선점하기 위해 혜화경찰서 앞에서 일주일이 넘도록 텐트를 쳐 놓고 기다렸다. 이들의 방해로 조직위는 퀴어문화축제 일정과 장소를 6월 28일 서울시청광장으로 바꿨지만, 이를 알게 된 개신교인들은 관할 경찰서인 남대문경찰서로 이동해 또다시 일주일간 노숙을 벌였다.

결국 서울퀴어문화축제조직위원회와 자원활동가들도 경찰서 앞에서 밤을 지새우며 '무지개 줄서기'를 했다. 그러나 남대문경찰서와 서울지방경찰청은 5월 30일 양측에 집회 금지 통고를 내렸다. 행진로 일부가 서로 겹치고, 교통에 불편을 줄 우려가 있다는 이유였다.

혐오 세력과 행정청이 막은 길은 법원이 터 줬다. 서울행정법원은 축제를 12일 앞둔 6월 16일, 서울퀴어문화축제조직위원회가 서울지방경찰청을 상대로 낸 옥외 집회 금지 효력 정지 가처분 신청에서, "집회의 금지는 원칙적으로 공공의 안녕질서에 대한 직접적인 위협이 명백하게 존재하는 경우에 한하여 허용될 수 있다"면서 "퀴어문화축제가 집회 개최 장소와 주변 도로의 교통 소통에 장애를 발생시켜 심각한 교통 불편을 줄 우려가 있다고 인정하기 부족하고 달리 이를 인정할 증거가 없다"고 판결했다. 반동성애 단체들이 퀴어퍼레이드를 방해하기 위해 중복으로 집회 신고를 하더라도 축제를 금지할 수 없다는 법적 근거를 얻은 것이다.

같은 해 대구에서도 지자체의 '장소 사용 불허'와 경찰의 '집회 금지' 처분이 있었다. 대구퀴어문화축제조직위원회는 2015년 6월 26일 제7회 대구퀴어문화축제를 동성로 대구백화점 앞 야외무대에서 개최할 예정이었다. 그러자 보수 개신교 단체들은 관할 구청인 중구청에 민원을 쏟아붓고, 인근에 집회 신고를 했다. 퀴어문화축제 반대 운동을 벌이던 대구기독교총연합회는 권영진 당시 대구시장과 윤순영 당시 중구청장을 만나 장소 사용 승인을 내주지 말라고 요구하기도 했다. 결국 6월 2일 중구청은 "공익 목적에 어긋나거나 공공질서 유지와 미풍양속을 해칠 우려가 있을 경우 구청장이 사용을 제한할 수 있다"는 야외무대 관리·운영 규정을 들어 장소 사용을 불허했다.

경찰도 조직위와 혐오 세력 양측에 집회는 허가하되 행진은 금지하는 처분을 내렸다. 서울시 사례처럼 "심각한 교통 불편을 줄 우려가 있다"는 이유였다. 조직위는 축제를 코앞에 두고 개최 장소와 날짜를 재고해야 하는 급박한 상황에 처했다. 하지만 이번에도 법원이 길을 텄다. 대구지방법원이 6월 24일 "집회의 자유는 존중받아야 한다"며 대구퀴어문화축제조직위원회가 대구지방경찰청을 상대로 낸 옥외 집회 금지 효력 정지 가처분 신청을 받아들인 것이다. 또한 조직위와 인권 단체들의 지속적인 문제 제기로 중구청이 야외무대 사용을 최종 승인하면서, 천신만고 끝에 제7회 대구퀴어문화축제 참가자들은 동성로 일대를 행진할 수 있었다.

퀴어문화축제를 금지해서는 안 된다는 법원 판결은 제주에서도 있었다. 제주퀴어문화축제조직위원회는 2017년 제1회 제주퀴어문화축제를 제주시 신산공원에서 열기로 했다. 제주시청은 당초 이를 허가했지만 축제를 11일 앞두고 돌연 '민원조정위원회'를 소집했다. 축제 개최를 반대하는 민원이 다수 접수됐다는 이유였다. 10월 17일 민원조정위는 "개별 참가자들의 돌발 행위를 주최 측이 통제하기 어렵고, 성인 용품 전시 등으로 인해 성 가치관이 확립되지 않은 청소년 등에게 혼란을 줄 우려가 있을 뿐 아니라 제주 지역 정서에도 부합되지 않는다"고 의견을 냈고, 제주시는 이를 받아 공원 사용 허가 철회를 통보했다.

제주퀴어문화축제조직위원회는 제주시 결정에 소송으로 맞섰다. 제주지방법원은 10월 27일 "도시공원법 등 관계 법령을 살펴보아도 이용자들의 성적 취향 등만을 이유로 행정청으로 하여금 신청인들과 같은 일반 공중에 대해 도시공원의 사용 자체를 제한·금지하는 것을 허용하는 규정은 찾아볼 수 없"고 "'행사의 진행 도중 청소년 유해 물건으로 지정된 성 기구 등이 전시·판매되거나 돌발적인 과다 노출 행위가 있을지도 모른다'는 막연한 우려에 근거한 일부 민원을 제외하고는 기존의 부스 설치 허용 입장을 철회할 만한 중대한 사정의 변화가 있었다고는 보이지 않는다"고 판결했다. 현행법상 공원은 모든 시민이 사용할 수 있고, 반동성애 개신교인들의 주장은 "막연한 우려"이기 때문에 축제를 금지해서는 안 된다는 것이었다.

법원은 퀴어문화축제 반대 진영의 단골 메뉴인 "퀴어문화축제가 청소년에게 유해하다"는 주장도 이미 기각했다. 2019년 교계 반동성애 단체들은 서울퀴어문화축제를 상대로 집회 금지 가처분 신청을 내고, "성적 지향이나 성별 정체성이 확립되지 않은 아동·청소년이 축제에 참가하면 '동성애자'가 될 우려가 있다"며 이들의 출입을 제한해 달라고 했다. 그러나 서울서부지방법원은 5월 30

일 "집회에서 아동·청소년에게 해로운 영향을 미칠 수 있는 행위가 이루어질 것이라고 단정하기 어렵다. 집회의 의미, 성격, 참가 인원, 규모 등에 비추어 볼 때 아동·청소년만 집회의 참가를 제한하는 것이 필요하다고도 볼 수 없다"며 받아들이지 않았다.

법원 판결이 연이어 나오면서, 이제 경찰은 더 이상 '맞불 집회'나 반대 민원을 이유로 퀴어문화축제 개최를 금지하지 않는다. 2023년 6월 17일 제15회 대구퀴어문화축제에서는 축제를 막으려는 지자체 공무원들과 경찰이 충돌하는 이례적인 일이 벌어지기도 했다. 홍준표 대구시장이 "퀴어문화축제는 도로점용 허가를 받지 않았다"며 공무원 500여 명을 대동해 행정대집행을 벌인 탓이었다. 경찰들은 적법하게 신고된 집회를 보호해야 한다며 대치했고, 결국 홍 시장과 공무원들은 철수했다.

대구지방경찰청은 퀴어문화축제가 도로점용 허가를 받지 않아도 되는 '정당 사유'에 해당한다고 판단한 것으로 알려졌다. 현장에서 만난 경찰 관계자는 "퀴어문화축제는 동성로에서 매년 열렸고 대구시는 관행적으로 장소를 내줘 왔다. 집회·시위의 자유는 헌법이 보장한 권리다. 법원도 축제 이틀 전 집회 금지 가처분을 기각하지 않았나. 검사 출신으로 법을 잘 알 만한 홍준표 시장이 왜 올해는 이렇게 하는지 이해가 안 된다"고 말했다.

2023년에는 춘천·대구·서울 등 곳곳에서 지자체의 퀴어문화축제 장소 불허가 이어졌다. 영남 지역 성소수자 지지 모임 영남퀴어는 5월 7일 성명에서 "매년 성소수자의 축제, 성소수자의 명절이라고 불리는 퀴어문화축제의 광장 사용 및 집회 신고 때마다 지자체는 혐오 세력의 방해에 복종해 왔다"면서 "각 지자체는 성소수자가 문제가 아닌 성소수자 혐오가 문제인 것을 인식하고, 성소수자에게만 광장 사용을 불허하는 것이 아니라 혐오 세력의 혐오 행위를 제재하고 혐오 범죄를 막을 수 있는 방안을 마련해야 한다"고 했다.

03.
도 넘은 방해로 처벌받은 개신교인들

인분 테러, 참가자 폭행, 경찰 '헤드록'까지…
법원 "평화 집회 정당한 이유 없이 방해"

2018년 9월 29일 제주시 신산공원에서 열린 제2회 제주퀴어문화축제. 퀴어퍼레이드 중 한 남성이 재빨리 행진 차량 밑으로 들어가는 장면이 포착됐다. 《제주경제신문》 유튜브 채널 갈무리.

이 아무개 장로는 미리 준비한 자신의 인분을 몸 곳곳에 발랐다. 그리고 행진하고 있는 사람들 사이로 몸을 던졌다. 그의 목표는 행진 선두에 있는 현수막이었다. 가로 7.5미터, 세로 5미터 크기의 대형 현수막에는 '함께 만드는 제7회 대구퀴어문화축제'라고 써 있었다. 이 장로는 인분이 묻어 있는 손으로 현수막을 잡아챘다. 현수막 곳곳에 인분이 묻었다. 이후 그는 "매국노"라고 고함을 치며 사람들을 향해 달려갔다. 약 10분간의 소동 끝에 그는 경찰에 체포됐다.

이는 2015년 7월 5일 대구퀴어문화축제에서 벌어진 일명 '인분 테러' 사건으로, 명백한 성소수자 혐오 범죄였다. 이 장로는 검찰에 기소돼 재판에 넘겨졌다. 그는 재판 과정에 성실하게 임하지 않았는데, 선고 기일에 세 번이나 불출석해 결국 구속된 상태로 재판을 받았다. 대구·경북 지역 독립 언론 《뉴스민》의 당시 기사를 보면, 이 장로는 재판정에 성경책을 들고 나왔으며 "법보다 법 위의 예수 그리스도를 믿고 그 말씀에 따른다", "동성애는 하나님의 창조질서를 파괴하는 반인륜적 죄악이다. 동성애를 하면 가정이 파괴되고 국가가 파괴된다"고 말했다.

알고 보니 그는 2013년 9월 7일 김조광수 감독의 결혼식에서도 인분을 뿌린 인물이었다. 재판부는 그가 동종 수법의 범행으로 벌금형을 두 번 받았다고 적시하며, '집회 및 시위에 관한 법률'(집시법) 위반과 재물손괴죄로 징역 6개월을 선고했다. "아무리 자신의 신념이 옳다고 믿더라도 인분을 얼굴에 바른 채 행렬에 들어가고 현수막에 인분을 묻히는 등의 행위는 집회 참가자뿐만 아니라 일반 대중들에게도 심한 혐오감을 유발하는 등 비난 가능성이 크다." 이 장로는 현수막에 인분을 묻힌 것이 '사회 상규에 위배되지 않는 행위'라고 주장하며 항소했으나, 재판부는 받아들이지 않았다.

막고 밀치고 욕설하고

경찰에 신고를 마친 집회를 방해하는 행동은 법으로 처벌된다. 집시법 제3조 '집회 및 시위에 대한 방해 금지' 1항은 "누구든지 폭행, 협박, 그 밖의 방법으로 평화적인 집회 또는 시위를 방해하거나 질서를 문란하게 하여서는 아니 된다"이다.

전국 각지에서 열리는 퀴어문화축제와 퍼레이드는 경찰에 집회 신고를 한 후 진행한다. 설사 장소를 관리하는 행정청에서 장소 사용을 불허하더라도, 집회 신고를 마쳤기 때문에 그 장소에 사람이 모이는 것은 위법이 아니다. 따라서 적법한 신고를 마친 퀴어문화축제를 방해하는 행위는 집시법 제3조 1항을 위반하는 불법행위다.

2018년 9월 8일 열린 제1회 인천퀴어문화축제는 혐오 세력의 폭력적인 행동으로 제대로 열리지 못했다. 반동성애 개신교인들은 축제 장소를 점거하고, 참가자들의 이동을 막으며 물리적·언어적 폭력을 자행했다. 축제가 끝난 후 개신교인 세 명이 형사처벌을 받았다.

탁 아무개 목사는 현장에서 부스 설치를 위해 폴대를 들고 이동하는 사람을 밀쳤다. 그는 현장에서 체포됐는데, 당시 수갑을 찬 상태로 찍힌 사진이 반동성애 진영에 돌면서 유명 인사가 되기도 했다. 반동성애 개신교인들과 보수 교계 언론들은 "동성애가 합법화하기도 전에 수갑부터 찼다", "차별금지법이 제정되면 이렇게 동성애를 반대할 수도 없는 '동성애 독재국가'가 된다"는 등 터무니없는 주장을 남발했다.

탁 목사는 집시법 위반으로 법원에서 벌금 300만 원을 선고받았다. 그는 "개인의 의견을 피력하려 갔다", "동인천역 북광장에 있는 노숙인들이 쫓겨날 것이 우려돼서 갔다", "폴대 운반 과정에서 위험한 상황이 발생해 폴대를 밀어낸 것이다"라고 변명하며 자신의 범죄행위를 부인했다. 그러나 재판부는 여러 증거로 봤을 때 탁 목사는 퀴어문화축제 개최를 막기 위해 현장에 갔으며, 위험한 상황은 방해하는 사람들 때문에 발생한 것이라고 판시했다. 탁 목사는 대법원까지 상소했으나, 모두 기각됐다.

집회의 자유는 대의 민주주의를 채택하고 있는 우리 헌법 체제에서 주권자인 국민의 의사를 국가기관에 직접 전달하고, 모든 사람이 자유롭게 자신의 의사를 표현하는 한편, 다른 사회 구성원과 자유롭게 정보와 의견을 교환함으로써 인간의 존엄과 가치를 실현할 수 있도록 하는 기본권이다. (중략) 피고인의 행위는 사회적 소수자인 동성애자 및 그 연대자들의 평화 집회를 정당한 이유 없이 방해한 것으로서 엄중히 처벌하여야 할 필요가 있다. 피고인이 동인천역 북광장에 방문한 이유 및 이 사건 공소사실 기재 행위에 대하여 납득하기 어려운 변명으로 일관하고 있어 이에 대해 진지하게 반성하고 있다고 보기도 어렵다.

A는 목사의 연락을 받고 제1회 인천퀴어문화축제를 방해하려 현장에 갔다. 그는 다른 교인들과 함께 퀴어퍼레이드 참가자들이 행진하지 못하게 막아섰고, 손목에 무지개 깃발을 감고 있던 한 참가자를 밀쳐 넘어뜨렸다. A는 집시법 위반과 공동상해죄로 법원에서 벌금 200만 원을 선고받았다.

B는 당시 현장에 있던 경찰에게 폭력을 휘둘러 공무집행방해죄로 벌금 500만 원을 선고받았다. 그는 견인차량 통행로 확보를 위해 대열을 이뤄 방패를 들고 서 있던 경찰관에게 달려들어, 손으로 방패를 잡아당기고 주먹을 휘둘렀다. 또 방해 세력의 진입을 막고자 방패를 들고 있던 다른 경찰관을 밀치고 목을 팔로 감는 등 폭력을 행사했다.

같은 해 대구에서도 반동성애 개신교인들이 형사처벌을 받았다. 2018년 6월 23일 열린 제10회 대구퀴어문화축제에서, 대구퀴어반대대책본부 본부장 C와 사무총장 D는 교인 800여 명을 선동해 퀴어퍼레이드 행렬을 막아섰다. 이는 다른 집회를 방해하는 행동이자, 자신들이 집회 신고를 한 영역을 벗어나는 불법행위였다. 결국 C와 D는 각각 벌금 50만 원을 선고받았다.

2019년에는 서울에서도 형사처벌 사례가 있었다. E

는 2019년 6월 1일 제20회 서울퀴어문화축제에서, 태극기와 성조기, '박원순 퇴진'이라고 쓰인 봉을 흔들며 다녔다. 한 참가자가 "행사장에서 그런 거 들고 이러시면 안 됩니다. 나가 주세요"라고 말하자, E는 "내 집이 요 앞이야, XX아. 게이 XXX들"이라고 욕했다. 그러면서 수차례 참가자의 어깨와 팔을 밀치고 손에 들고 있던 봉으로 참가자의 허벅지를 찔렀다. 그는 법원에서 벌금 300만 원을 선고받았다.

피해는 명확한데 가해자 찾기는 어려워

불법행위로만 따지면, 이보다 훨씬 많은 반동성애 개신교인이 매년 형사처벌을 받아야 할 것이다. 그러나 형사재판에서는 당사자와 범행 일시 및 장소가 특정되고 혐의를 입증할 만한 뚜렷한 증거가 있어야 유죄판결을 받아낼 수 있다. 현실적으로 수천수만 명이 모여 있는 장소에서 한 사람 한 사람을 특정해 고소하고 혐의를 입증하는 일은 쉽지 않다. 이 때문에 퀴어문화축제 측에서 고소했지만 불기소된 경우도 있다.

인천퀴어문화축제조직위원회는 2018년 제1회 축제

후 김 아무개 목사 등 혐오 세력 7명을 고소했다. 축제 장소 무단 점거, 무대 및 부스 설치 차량 진입 방해, 불법 주차 차량 견인 저지, 참가자들에 대한 물리적·언어적 폭력, 축제 물품 훼손 등 피해는 명확했다. 하지만 가해자로 지목한 7명이 정확히 어떤 행동을 했는지 증거자료가 충분하지 않았다. 결국 검찰은 이 사건을 불기소처분했다.

피해는 명확한데 가해자를 찾기는 어려웠다. 2018년 제1회, 2019년 제2회 광주퀴어문화축제에서도 혐오 세력의 폭력 행위가 도를 넘었다. 광주퀴어문화축제 측은 법적 조치를 위해 민주사회를위한변호사모임(민변)과 함께 '인권지킴이단'을 구성하기도 했다. 그러나 현실적으로 누군가를 특정해 고소하기는 어려웠다.

당시 축제를 준비했던 '광주인권지기 활짝' 활동가 서유(활동명)는 "축제 현장에 정말 많은 사람이 있기 때문에 그 안에서 누군가의 신상을 파악하기가 쉽지 않다. 그리고 실제로 고소를 진행했을 때 그들이 도망을 가면 찾기가 어렵다더라. 변호사분들도 처음부터 쉽지 않은 일이라고 하셨다. 그래도 가능하면 해 보자고 해서 인권지킴이단을 꾸렸다. 혐오 세력의 폭력 증거를 많이 확보했지만, 실제로 고소까지 이어 가기는 어려웠다. 재정적인 한계도 있고 계속 시간을 쏟아야 하는 문제니까 결정하기가 힘들었다"고 말했다.

　이는 전국 각 지역에서 진행되는 퀴어문화축제에서
동일하게 일어나는 일이다. 인천퀴어문화축제조직위원
회 임신규 공동집행위원장은 "경찰을 폭행한 사람이 벌
금형을 받았다. 근데 그 사람은 경찰만 폭행한 게 아니라
축제 참가자들도 폭행했을 것이다. 참가자들을 때리거나
방해하는 사람이 너무 많은데 이런 사람들을 다 특정할
수가 없다"고 말했다.

　부산퀴어문화축제기획단 사무국장 하람(활동명)도 "물
증을 잡으려고 해도 바로 현장에서 잡지 않으면 안 되더
라. 우리가 '이런 사람이 있었다'고 사진으로 보여 줘도,
경찰 쪽에서는 특정하기 어렵다는 식으로 대부분 회피하
거나 아니면 그냥 '알아보겠다' 하고 끝이었다. 실질적으
로 처벌까지 이뤄지는 경우는 없었다"고 말했다.

04.

무지와 편견에 기반한 혐오의 이유

극단적 반동성애 주장이 한국교회 주류로…
보수 교계 언론의 선 넘은 보도도 한몫

2018년 10월 3일 인천퀴어문화축제 혐오 범죄 규탄 집회. 반동성애 개신교인들이 이날의 행진을 방해하려 드러누워 있다. ⓒ뉴스앤조이

2020년 5월 6일, 한국기독교교회협의회(교회협) 당시 총무 이홍정 목사가 교계 언론 편집장들을 만나는 자리가 있었다. 교회협이 차별금지법 제정을 찬성하자 반동성애 사상으로 무장한 보수 교계 단체들이 교회협에 집중포화를 쏟아 내던 시기였다. 10개 남짓한 언론의 편집장급 기자들이 자리했다. 이홍정 목사가 이들의 의견을 청취하는 자리였고, 자연스럽게 성소수자에 대한 이야기가 나왔다. 동성애는 선천적일 수 있다는 이야기에 한 교단 신문 편집장은 이렇게 말했다.

"그런데 지금 시대에 그런 사람이 있을까요? 동성애자들은 대부분 성 중독 상태일 텐데."

이 말을 들었을 때 한국교회가 성소수자를 오해하는 수준이 도를 넘어도 한참 넘었구나 생각했다. 목사의 말이라면 무조건 '아멘' 하는 신자들은 둘째 치더라도, 기자 생활을 20년 넘게 한 사람이 성소수자에 대해 너무나 무지했기 때문이다. 아니, 그것은 무지를 넘어선 편견과 혐오였다. 사실관계 확인을 업으로 하는 사람도 저 지경인데, 한국교회 보통의 신자들이 성소수자를 어떻게 인식하고 있을지 생각하니 아찔했다.

보수 개신교인들이 퀴어문화축제를 적극적으로 반대·방해하는 이유는 결국 성소수자를 심각하게 오해하고 있기 때문이다. 이들은 '성별 정체성'과 '성적 지향'에 대한 이해 없이 '성소수자＝동성애자'라고 생각하고, '동성애＝성 중독'이라고 인식한다. 퀴어문화축제는 이런 동성애를 '조장 및 확산'하기에 반대한다고 말한다. 동성애가 조장·확산된다고 믿는 것은 동성애를 선택할 수 있는 취향이나 치료해야 할 질병과 같이 본다는 뜻이다. 그러나 동성애가 취향도 질병도 아니라는 사실은 의학적으로 수십 년 전에 결론이 났다.

질병이라면 혹시 에이즈를 말하는 걸까. 소위 반동성애 강사들이 교계에 "동성애 하면 에이즈 걸린다"는 말을 공식처럼 퍼뜨렸으니 그렇게 믿는 사람이 많을 것이다. 하지만 에이즈의 원인은 HIV 바이러스 감염이며, 감염의 원인은 동성애가 아니라 '안전하지 않은 성관계'다. 퀴어문화축제가 에이즈를 조장·확산한다는 것은 어불성설이다. 퀴어문화축제를 광란의 음란 파티라고 생각하는 사람들에게는, 선정적인 보수 교계 언론만 보지 말고 마음을 열고 퀴어문화축제 현장에 한번 가 보라는 말밖에

할 수가 없다.

이런 오해에서 비롯한 혐오에 정당성을 부여하는 것은 문자주의적·근본주의적 성경 해석이다. 동성애는 '죄'이기 때문에, 후천적이어야 하고 성 중독이어야 하며, 그래서 치료가 가능해야 하고 그렇지 않을 경우 에이즈와 같은 '천벌'을 받아야 한다고 보는 것이다. 그러나 동성 간 성관계를 암시하는 성경 구절은 해석의 스펙트럼이 다양하고, 동성애는 성적 지향이지 정신적 병리 현상인 성 중독과는 다르다. 에이즈도 수십 년 전 이야기되던 것처럼 더 이상 '죽음의 질병'이 아니다. 질병관리청에 따르면, 2021년 기준 한국의 에이즈 치료율은 95.5퍼센트이고 바이러스 억제율은 96퍼센트이다.

반동성애 강사들의 왜곡과 과장

한국교회는 왜 이렇게까지 성소수자를 오해하게 된 것일까. 여기에는 반동성애 강사들의 영향이 크다. 이들은 근본주의적인 성경 해석을 기반으로 동성애에 맞서는 것(?)이 교회의 제일 사명인 것처럼 선동해 왔다. 정작 성소수자들이 교회에 피해를 준 일은 없는데, 동성애 때문에 교회가 무너지는 것처럼 위기의식을 퍼뜨렸다. 십여 년 전만 해도 일부 극단적인 반동성애 진영에서만 통용되던 주장들을, 지금 보통의 목회자와 교인들이 철석같이 믿고 있다는 것이 한국교회의 비극이다.

반동성애 강사들은 어디서 찾아냈는지 신기할 정도로 해외 사례를 많이 가져와 자신들의 주장을 뒷받침했다. 대체로 차별금지법이나 평등법이 제정·시행되고 있는 나라들 이야기다. 동성애가 합법화하면 — 물론 지금도 한국에서 동성애는 불법이 아니다 — 교회가 불이익을 받게 되고 사회도덕이 무너질 것이라는 내용이다. 하지만 이런 사례들도 자세히 들여다보면, 반동성애 강사들이 자신들의 입맛에 맞게 왜곡·과장했다는 사실을 발견할 수 있다. 그간 《뉴스앤조이》를 비롯해 많은 언론과 시민단체가 이들의 허위·과장·왜곡 정보들을 팩트체크했다.

반동성애 강사들은 자신들의 주장이 사실이 아니라고 검증되면, 기존 주장을 수정하는 것이 아니라 또 다른 사례를 가져오는 식으로 대응했다. 언론과 시민단체는 다시 새로운 사례를 팩트체크했고, 그러는 사이 거짓된 정보들은 교계로 퍼져 나갔다. 이들은 거듭된 사실 검증에도 단 한 번도 자신들의 주장을 철회하고 사과하는 일이 없었다. 교계에 퍼진 허위·왜곡·과장 정보들을 수정하려는 노력 또한 전무했다.

이들의 주장은 이미 여러 번 배척됐다. 언론과 시민단체의 팩트체크는 물론, 법원도 반동성애 강사들의 주장을 받아들이지 않았다. 2018년 9월《한겨레》가 '가짜뉴스의 뿌리를 찾아서'라는 기획 보도를 통해, 동성애 및 이슬람 관련 극단적인 주장을 설파하던 이들을 지목했다(전부 개신교인이었다). 이들은 오히려《한겨레》가 가짜뉴스를 퍼뜨린다며 '한겨레가짜뉴스피해자모임'(한가모)을 결성해 대응했다.《뉴스앤조이》는 한가모의 주장을 조목조목 팩트체크해, 이들이 여전히 허위·왜곡·과장 정보를 퍼뜨린다는 점을 지적했다. 그러자 이들 중 몇몇은《뉴스앤조이》와《한겨레》에 정정 보도 및 손해배상 소송을 제기했다.

이용희·김지연·염안섭·길원평·이정훈·한효관·백상현 등 반동성애 진영에서 나름 이름난 사람들이 소송을 제기했지만, 단 한 건도 이기지 못했다. 법원이 배척한 주장들을 구체적으로 살펴보면 다음과 같다.

- 차별금지법이 제정되면 "동성애는 죄"라고만 해도 잡혀간다.
- 동성애가 합법화하면 수간도 합법화한다.

- 캐나다에서는 12세 아이들에게 구강성교, 항문 성교하는 법을 가르친다.
- 동성혼 주례를 거부한 미국 목사 부부가 징역살이를 하고 벌금을 냈다.
- 영국에서 '동성애 성행위 교육 지시'를 거부한 교사가 해고됐다.

법원은 반동성애 강사들의 이러한 주장들이 모두 사실이 아니라고 판단했다. 특히 "차별금지법이 제정되면 '동성애는 죄'라고만 해도 잡혀간다(혹은 벌금을 낸다, 형사처벌을 받는다 등)"는 주장은 여러 번 반복해서 사실이 아니라고 법원에서 판명됐다. 독자들의 이해를 돕기 위해 반동성애 강사들의 소송 판결문 내용을 그대로 첨부한다 (83~85쪽 참고).

반동성애 강사들의 다른 주장들도 법원 판단을 받게 된다면 비슷한 결과가 나올 것이다. 이 정도면 이들의 주장은 의심부터 해 봐야 하지 않을까. 하지만 벌써 수년 전 거짓으로 결론 난 이들의 극단적인 주장들은 어느새 한국교회에서 상식처럼 통용되고 있다. 보수 교계는 이런 구멍 술술 뚫린 주장을 근거로 퀴어문화축제 방해에 사활을 걸고 있는 것이다.

정, 즉 실제 '발의된 차별금지법안[1] 제42조에 따르면 차별을 받았다고 주장하는 자 및 그 관계자가 차별금지법 상 구제절차를 구한다는 이유로 해고, 전보 등 부당한 처우나 불이익한 조치를 취해서는 아니 되고, 만약 그러한 행위를 하는 경우에는 제43조에 따라 2년 이하 징역 또는 1천만 원이하 벌금에 처한다'는 내용으로서 단순히 동성애에 반대하는 발언을 하는 것만으로는 형사처벌의 대상이 되지 아니하는 점을 감안하여 보면, 제2 쟁점사실이 허위라고 보기 어렵고, 달리 이를 인정할 만한 증거가 없다.

이용희 대표(에스더기도운동본부)가 《뉴스앤조이》를 상대로 낸 소송 판결문 중 일부.

① '마라나타TV', 'Ulsan CTS' 등의 유튜브 채널에 올라온 동영상에서 원고는 발표자료와 발언을 통하여 '동성결혼이 합법화되면 수간도 합법화된다'는 내용의 강연을 하였는데, 동성결혼 합법화와 수간 합법화 사이에 어떠한 연관관계가 있다는 객관적인 자료는 없고, 오히려 원고가 대표적 사례로 꼽은 네덜란드에서는 2001년 동성결혼이 합법화된 후 2010년에 수간을 불법화하는 법률이 제정되었으며, 그 외에 독일, 스웨덴 등에서도 2010년대 이후에 수간이 불법화되었다.

④ 원고는 차별금지법에 반대하는 근거로서 '차별금지법으로 인하여 미국 아이다호주에 사는 냅 목사 부부가 동성결혼 주례를 거부하였다는 이유로 징역 180일을 살고 벌금은 매일 1,000달러씩 내야 했다'는 사례를 제시하였는데, 위 냅 목사 부부는 동성결혼 주례를 거부했다는 이유로 징역 및 벌금형의 유죄판결을 받은 바 없으며, 원고의 주장대로 기소되었으나 무죄판결을 선고받은 경우와 유죄판결을 선고받은 경우의 차이가 부차적이고 지엽적인 부분에 해당한다고 볼 수는 없다.

김지연 대표(한국가족보건협회)가 《한겨레》를 상대로 낸 소송 판결문 중 일부.

① 유튜브 채널 'KHTV'에 올라온 '동성애, 국가인권위원회와 차별금지법의 문제점'이라는 제목의 동영상에서 원고는 발표자료와 발언을 통하여 '차별금지법이 통과되면 동성애 반대 발언은 금지되는 상황이 발생할 수 있고, 동성애 반대론자의 발언은 차별금지법에 따라 처벌된다'고 설명하고 있으나, 당시 발의된 차별금지법안에 따르면 단순히 동성애에 반대하는 발언을 하는 것은 형사처벌의 대상이 되지 아니한다.

백상현 기자(《국민일보》)가 《한겨레》를 상대로 낸 소송 판결문 중 일부.

① 원고는 'khTV' 등의 유튜브 채널에 올라온 동영상에서 동성애와 차별금지법 강의 중 발표자료와 발언을 통하여 '동성애를 비윤리적이라고 표현하면 처벌받음', '동성애를 정상이라고 인식할 때까지 처벌하여 그 생각을 뜯어고치겠다는 무서운 법'이라고 설명하고 있고 이후에도 같은 취지의 발언을 하고 있으나, 당시 발의된 차별금지법안에 따르면 단순히 동성애에 반대하는 발언을 하는 것은 형사처벌의 대상이 되지 아니한다.

③ 그러나 캐나다 온타리오 주에서는 교육부 지침에 따라 7학년을 대상으로 성관계 시 등의 여부나 성병 전염 경로를 교육하면서 구강성교와 항문성교를 언급하는 것일 뿐이고 성행위나 기술을 가르치는 것은 아닌데, 원고의 발언에 비추어 보면 성폭력 예방이나 성병 예방의 차원에서 구강성교와 항문성교가 언급되었다는 점을 전혀 알 수 없고, 위 목사는 동성결혼 주례를 거부했다는 이유로 징역 및 벌금형의 유죄판결을 받은 바 없으며, 원고의 주장대로 기소되었으나 무죄판결을 선고받은 경우와 유죄판결을 선고받은 경우의 차이가 부차적이고 지엽적인 부분에 해당한다고 볼 수는 없다.

길원평 교수(한동대)가 《한겨레》를 상대로 낸 소송 판결문 중 일부.

① 여러 유튜브 채널에 올라온 동영상에서 원고는 발표자료와 발언을 통하여 '동성애가 합법화되면 동물과의 수간, 근친상간, 소아성애 등 극단적인 성적행동도 개인의 성적지향으로 인정되어 합법화할 수 있다. 실제로 네덜란드 등 유럽 국가들에서는 동성애뿐 아니라 수간(동물과 성행위)과 근친상간까지 합법화되었다'는 내용의 강연을 하였는데, 동성결혼 합법화와 수간 등 합법화 사이에 어떠한 연관관계가 있다는 객관적인 자료는 없고, 오히려 원고가 대표적 사례로 꼽은 네덜란드에서는 2001년 동성결혼이 합법화된 후 2010년에 수간을 불법화하는 법률이 제정되었으며, 그 외에 독일, 스웨덴 등에서도 2010년대 이후에 수간이 불법화되었다.

④ 원고는 차별금지법에 대하여 "차별금지법은 말이 좋아 차별금지법이지, 그 속성을 들여다보면, 동성애에 대한 건전한 비판을 처벌하는 법", "차별금지법을 통과시켜 만들고자 하는 세상은, 동성애 독재 세상을 만들고자 하는 것이다. 동성애 전체주의와 파시즘이다"라는 취지의 발언을 하고 있으나, 당시 발의된 차별금지법안에 따르면 단순히 동성애에 반대하는 발언을 하는 것은 형사처벌의 대상이 되지 아니한다.

염안섭 원장(수동연세요양병원)이 《한겨레》를 상대로 낸 소송 판결문 중 일부.

② 캐나다 온타리오 주에서는 교육부 지침에 따라 7학년을 대상으로 성관계 시 동의 여부나 성병 전염 경로를 교육하면서 구강성교와 항문성교를 언급하는 것일 뿐이고 성행위나 기술을 가르치는 것은 아닌데, 원고가 사용한 발표자료에는 빨간 립스틱을 바른 여성이 허를 내밀어 입술을 건드리는 사진과 함께 '7학년(만 13세) 때에는 구강성교(Oral sex)와 항문성교(Anal sex)를 배웁니다'라고 쓰여 있고, 원고는 "여러분 여기서 충격 받았죠? 우리가 이 사례 다 알죠? 도대체 항문성교가 뭐야? 저런 걸 어떻게 7학년한테 가르쳐?"라는 취지의 발언을 하는 등 원고의 발표자료나 발언에 비추어 보면, 성폭력 예방이나 성병 예방의 차원에서 구강성교와 항문성교가 언급되었다는 점을 전혀 알 수 없다.

③ 또한 원고는 차별금지법에 관련한 강의를 하면서 발표자료와 발언을 통하여 '차별금지법은 처벌을 위한 법이고 차별금지법에 피로움의 금지가 들어가서 감정에 의한 처벌이다', '특정 개인에 대한 혐오발언은 현행 모욕죄, 명예훼손죄로 처벌이 가능한데 차별금지법이 통과되면 개인이 아닌 집단에 대한 혐오발언의 경우에도 개인의 감정에 의한 처벌이 가능하다'고 설명하고 있으나, 당시 발의된 차별금지법안에 따르면 단순히 동성애에 반대하는 발언을 하는 것은 형사처벌의 대상이 되지 아니한다.

한효관 대표(건강한사회를위한국민연대)가 《한겨레》를 상대로 낸 소송 판결문 중 일부.

① 유튜브 채널 'GMW연합'에 올라온 동영상에서 원고는 '영국에서 평등법(차별금지법)이 통과된 뒤 교육 당국이 공립학교 교사에게 초등학생들한테 동성애 성행위를 어떻게 하는지 가르쳐라'라고 명령했다. 예수 믿는 사람이라서 거부했더니 해고당했다. 많은 크리스천(기독교인)들이 직장에서 쫓겨났다. … 실제로 일어나는 일이다'라는 취지의 발언을 하였는데, 영국에서 평등법이 통과된 후 동성애를 가르치지 않아 해고당했다는 사례로 자주 등장하는 교사는 동성애를 가르치지 않아 해고당한 것이 아니라 동료 교사를 협박하였다는 이유로 해고당하였다.

이정훈 교수(울산대)가 《한겨레》를 상대로 낸 소송 판결문 중 일부.

성소수자들과 연대해 온 민김종훈 사제는 반동성애 강사들이 거짓으로 교인들의 두려움과 불안을 자극하고 있다고 지적했다. 그는 "반동성애 강사들의 주장은 이미 팩트체크되어서 비합리적이고 근거 없는 주장으로 밝혀졌다. 그런데도 그들은 끊임없이 교인들에게 두려움과 불안을 야기해서 분노하게 하고, 그를 통해 공동체를 결속하는 방식을 사용하고 있다"며 "그러나 젊은 사람들, 다양성에 대한 교육을 받은 사람들은 더 이상 두려움과 불안에 포섭되지 않고 교회를 떠난다. 결국 이런 방식은 신앙 공동체를 세우는 행동이 아니라 깨는 행동이다. 그들이 정말 교회를 위한다면 빨리 회개하고 돌이켜야 한다"고 말했다.

교계 언론의 혐오 선동

한국교회를 허위·왜곡·과장 정보의 수렁에 빠뜨리는 데는 교계 언론들도 한몫했다. 개신교계에만 수십 개 언론사가 있지만, 한국교회를 좀먹는 반동성애 주장들을 팩트체크하는 언론사는 《뉴스앤조이》 외에 찾아보기 힘들다. 오히려 영향력이 큰 언론사일수록 반동성애 강사들의 주장을 그대로 싣거나 그들에게 직접 지면을 내주는 경우가 많다. 《국민일보》와 《크리스천투데이》가 압도적이다.

《국민일보》와 《크리스천투데이》는 퀴어문화축제와 관련해 사실과 다른 뉴스를 발행해 여론의 뭇매를 맞기도 했다. 2018년 9월 29일 제주시 신산공원에서는 제2회 제주퀴어문화축제가 열렸다. 퀴어퍼레이드 때 행진 차량이 잠깐 멈춘 사이, 혐오 문구가 적힌 깃발을 들고 있던 한 남성이 재빨리 깃발을 버리고 차량 밑으로 들어갔다. 행진을 방해하려고 극단적인 방법을 쓴 것이다.

《국민일보》와 《크리스천투데이》는 이 남성이 차량 밑에 들어간 사진만 보고 각각 "동성애 반대 시민이 제주 퀴어 행사 차량에 깔렸다", "퀴어축제 측 차량이 반대 집회 측 시민을 덮쳤다"고 보도했다. 현장에 있지도 않았으면서, 정확한 사실관계 확인도 없이 기사부터 쓴 것이다. 반동성애 진영의 대변인 역할을 하는 네이버 블로그 GMW연합은 "제주퀴어문화축제 차량이 목사님을 밀고 지나갔다"며 더욱 자극적인 게시물을 올렸다. 하지만 이내 이것이 허위 정보라는 게 드러나자, 이들은 아무런 언급 없이 기사 제목과 내용을 바꾸거나 게시물을 삭제했다.

GMW연합은 2018년 10월 3일 열린 '인천퀴어문화축제 혐오 범죄 규탄 집회'에서도 사실로 확인되지 않은 정보를 퍼뜨렸다. 이날 인천퀴어문화축제 측은 행진을 했는데, 이때도 반동성애 개신교인 두 명이 차량 밑으로 들어가 행진을 막았다. 경찰에 끌려 나온 두 사람 모두 손에 피를 흘리며 병원으로 실려 갔다. 당시 GMW연합이 올린 현장 영상에는 "손가락 절반이 절단됐다", "손이 완전히 잘렸다", "(차량 범퍼에 날카로운 게 달려 있는 건 아닌지) 경찰이 조사해야 한다", "일부러 설치한 것 같다"는 말이 나온다.

이후 소셜미디어에서는 "차량 범퍼에 날카로운 칼날이 붙어 있었을 것으로 보인다", "경찰의 고의적인 과잉진압으로 일어난 일이다", "동성애자들과 경찰의 공모일 수도 있다"는 식의 유언비어가 나돌았다. 그러나 이후 드러난 사실은, 두 사람이 고의로 행진 차량 밑으로 들어가 행진을 막았으며 위험한 상황이기에 경찰이 끌어내려 했는데도 나오지 않으려고 극렬하게 저항하다가 다쳤다는 것이었다. 손은 절단되지 않았고 인대와 신경에 손상을 입은 것으로 확인됐다.

퀴어문화축제가 '음란하다'는 이미지를 만드는 곳도 교계 언론들이다. 퀴어문화축제를 보도하는 보수 교계 언론들은 하나같이 노출이 많은 사람들의 사진을 무단으로 올리며, 퀴어문화축제가 광란의 음란 파티인 것처럼 보도한다. 지금도 퀴어문화축제 반대 집회에서는 이런 언론들이 찍은 사진을 피켓에 대문짝만하게 붙이고, 퀴어문화축제를 '음란 축제'라고 비난한다. 그러나 노출이 무조건 음란한 것은 아니며, 퀴어문화축제에서의 노출은 성소수자들의 자긍심이라는 맥락에서 해석해야 한다. 노출은 무조건 안 된다고 판단한다면 '워터밤 축제' 같은 것 또한 사활을 걸고 막아야 할 것이다. 또 실제로 퀴어문화축제 현장을 가 보면 노출이 심한 옷을 입은 사람이 그렇게 많지도 않다.

《크리스천투데이》는 2014년 6월 열린 서울퀴어문화축제를 보도하는 기사에 "올해도 '나체 카퍼레이드'"라는 제목을 붙였다. 그러나 《크리스천투데이》가 올린 사진 어디에도 나체로 퍼레이드를 하는 사람은 없다. 이들은 나중에 기사 제목을 '성소수자들의 축제'로 바꿨다. 또 당시 퀴어문화축제와 반대 집회를 보도하는 기사에 "성소수자들은 '난장 축제', 기독교인들은 '세월호 추모'"라는 제목을 달았다. 퀴어문화축제를 폄훼하는 한편, 세월호 추모로 가장한 반동성애 집회를 두둔한 것이다. 이 또한 나중에 제목을 '성소수자들, 서울 신촌 일대에서 퀴어문화축제 강행'으로 바꿨다.

2016년 6월 열린 서울퀴어문화축제를 보도하는《국민일보》의 첫 기사 제목은 '지역 유일의 동성애 음란 축제 현장'이다. 정작 기사 안에는 축제 참가자들이 타로점을 보고 있는 사진이 실려 있고 '음란'과 관련한 내용은 없다. 2017년 6월에는 대구퀴어문화축제와 반대 집회를 보도하며 '불건전 퀴어축제 VS. 경건한 반대 집회'라는 제목을 달았다. 같은 해 7월 서울퀴어문화축제에서는 '서울 광장에 또다시 등장한 반나체 여성', '음란 강도 더욱 심해진 퀴어축제' 등의 기사를 내보냈다. 축제장에 있는 수많은 사람 가운데 노출이 있는 옷을 입은 사람 몇 명만 몰래 사진을 찍어 올린 것이다.

이 정도면 선정적인 것을 보도하는 게 아니라, 보도가 선정적이라 할 만하다. 퀴어문화축제 측에서는 이렇듯 악의적인 보도로 일관하는 언론사들의 취재를 거부해왔다. 대부분 개신교 언론이다. 특히《국민일보》와《크리스천투데이》는 퀴어문화축제 측에서 수년간 취재를 거부하고 있다. 그러나 이들은 축제 참가자인 척하거나 프레스 카드 발급 신청서에 다른 매체명을 적고 행사장 안으로 들어가, 타인의 몸을 사진으로 찍고 당사자의 허락 없이 게재하는 행위를 반복하고 있다.

일례로 2022년 7월 16일 《크리스천투데이》 송 아무개 기자는 제23회 서울퀴어문화축제 프레스 카드 발급 신청서에 'CTTV'라고 적어 프레스 카드를 발급받았다. 《크리스천투데이》로 적을 경우 취재할 수 없기 때문이다. 그는 노출이 있는 사람들의 사진만을 골라 《크리스천투데이》에 다수 올리며 "[포토] '과다 노출 금지' 경고했으나… 여전히 선정적인 퀴어축제"라는 제목을 달았다. 이에 사진에 찍힌 퀴어문화축제 참가자 4인이 언론중재위원회에 기사 삭제 및 손해배상을 청구한 일도 있었다. 《크리스천투데이》는 4인의 사진을 삭제하고 기사 제목 뒷부분을 '여전히 논란이 됐던 퀴어축제'로 바꿨다.

보수 교계 언론의 이 같은 행태에 퀴어문화축제를 준비하는 사람들과 참가하는 사람들 모두 혀를 내두른다. 아무리 싫어도 이렇게까지 괴롭힐 필요는 없지 않느냐는 것이다. 동의 없는 사진 게재는 성소수자에게 더욱 민감한 일이다. 누군가에게는 아웃팅이 삶을 무너뜨릴 일이 될 수도 있기 때문이다. 보수 교계 언론들은 누군가의 생사가 오갈 수 있는 아웃팅을 서슴없이 자행하고 있는 것이다. 국민의 알 권리를 위해 퀴어문화축제의 실체를 보여 주기 위한 '잠입 취재'라고 변명할지 모르나, 그것은 오히려 퀴어문화축제의 실체를 왜곡·과장하는 것이며 언론 윤리에 맞지 않는 혐오 선동이다.

반동성애 강사들의 왜곡·과장과 보수 교계 언론의 혐오 선동, 이를 무비판적으로 받아들이는 목회자들과 목회자의 말이라면 맹종하는 교인들. 이것이 지금 퀴어문화축제를 반대하는 극우·보수 개신교의 현주소다. 코로나19 때 잠잠했던 보수 교계는 다시 퀴어문화축제 저지를 위해 총력을 기울이고 있다. 그러나 더 많은 사람이 퀴어문화축제를 반대하러 나온다 해도, 그들은 그저 '혐오 세력'일 뿐이다. 혐오 세력이라 불리는 것을 억울해하기 전에 자신들이 무엇에 근거해 퀴어문화축제를 방해하는지 돌아볼 일이다.

김혜령 교수(이화여자대학교 호크마교양대학)는 2020년 「성소수자 혐오의 혐오성에 대한 기독교윤리학의 비판적 논증」이라는 논문에서 혐오를 다음과 같이 정리했다.

- 자신의 도덕적 가치를 지키는 것을 타자의 존재를 이해하고 인정하는 것보다 중요하게 생각한다.
- 존재는 인정해도 공적 권리와 의무를 동일하게 부여하는 것에 동의하지 않는다.
- 사회질서 유지를 소수자들의 인권 보호보다 중요하게 생각한다.

■ 더러움이나 역겨움과 같은 신체적 반응이 증오의 감정과 함께 나타나거나 그러한 반응을 선동한다.

　그는 이에 근거해 개신교인들의 태도를 분석한 후 결론부에서 이렇게 말한다.

　그들의 도덕에는 '이웃 사랑'이라는 말은 남발되지만, 이웃의 '낯선' 존재 방식에 대한 존중이 부재하다. 이웃을 사랑하는 방식 또한 자기 질서에 관용적으로 허용하는 방식에 머물지, 상호 대등하거나 타자 중심의 관계 맺기와는 완전히 무관하다. 왜냐하면 고통받는 타자의 삶보다 교회의 질서, 가족의 질서, 사회의 질서를 지키는 일이 더 급하기 때문이다. 하지만 우리 사회에 인권 의식이 점차로 높아지게 되면서, 교회 안팎에서 성소수자 이웃에 대한 호의적 의식이 확산되는 것을 막기가 쉽지는 않다. 그래서 그들은 남성 동성애자들의 일부 성행위 방식을 매우 자극적이면서도 편향적으로 왜곡·편집하여 성소수자 전체에 대한 혐오감을 급속히 확산시켜 나가는 중이다. 반동성애 운동을 통해 교회를 살린다고 주장하지만, 결국 세상과 단절되어 몰락해 가는 비극적 운명으로 돌진하고 있다.

05.
혐오의 굴곡이 꺾이는 때는 온다

10년의 방해 속을 뚫고 온
서울퀴어문화축제

2014년 6월 7일 열린 제15회 서울퀴어문화축제에서는 혐오 세력의 조직적 방해도 시작됐지
만, 그리스도교 목회자들의 축복식도 시작됐다. ©박김형준

가슴이 덜컥 내려앉았다. 민김종훈 사제는 2014년 6월 7일 열리는 제15회 서울퀴어문화축제를 물리적으로 저지하기 위해 개신교인 수천 명이 집결할 것이라는 소식을 전해 들었다. 대한성공회 사제가 되었지만, 과거 보수 교단 신학교를 다닌 그였기에 그쪽 네트워크에서 떠도는 소문을 접한 것이다. 마침 민김종훈 사제는 이번 서울퀴어문화축제에 처음으로 연대할 예정이었기에, 소식을 듣는 순간 깜짝 놀랄 수밖에 없었다.

'이게 뭐지? 지금까지 한 번도 이런 적 없었는데….'

그는 임보라 목사에게 이 사실을 알렸다. 이후 서울퀴어문화축제조직위원회와 대응책을 논의했다.

'퀴어 대 개신교'라는 구도는 좋지 않았다. 애초에 퀴어문화축제 측은 개신교와 대립할 생각이 없었고, 개신교 전체가 퀴어문화축제를 반대하는 것도 아니었기 때문이다. 그것을 보여 주기 위해 임보라 목사와 민김종훈 사제는 축제에서 그리스도교 예전禮典으로 '축복식'을 열기로 했다. 성소수자들이 그리스도교를 '혐오'가 아닌 '축

복'의 얼굴로 만나게 해 주고 싶었다. 급하게 기도문을 작
성했다.

퀴어문화축제에서 처음 진행된 축복식. 임보라 목사
와 민김종훈 사제, 그리고 또 한 명의 목사가 나섰다. 한
국에서 성소수자 인권운동이 시작된 지 20년이 지난 시
점이었다. 그때까지 개신교와 가톨릭 모두 성소수자에 대
해서는 '정죄'의 태도를 보였다. 그런 분위기에서 성소수
자들의 축제 한복판에 개신교 목사와 성공회 사제가 가
운과 스톨을 갖춰 입고 선 것이다.

"주님께서 그 모습 그대로 사랑하고 축복하시는 성
소수자, 이곳에 모인 모든 이들과 춤추며 웃고 떠드시는
우리들의 하느님…."

입에서는 축복의 말이 흘러나오고, 손에서는 성수와
꽃잎이 뿌려졌다.

"그 눈빛은 지금도 잊히지가 않아요. 어떤 사람들은 두려워
하고 어떤 사람들은 약간 공격적인 표정을 짓기도 하고….
사실 주최 측에서 사전에 광고를 많이 해 주셨거든요. '이분
들은 우리 편'이라고.(웃음) 그전에도 많은 현장에서 축복식
을 해 봤지만… 퀴어 당사자분들은 공식적으로는 처음으로
종교를 축복의 이름과 얼굴로 만나는 시간이 된 거예요. 끝

나고 나서 정말 많은 분이 오셔서 '고맙다', '감사하다'고 하셨어요. '교회 안 다니는데 축복기도 받아도 되냐'고 하시는 분도 계셨고요. 그런 반응을 보면서 임보라 목사님과 정말 많이 울었어요."

기도와 찬송이 혐오의 칼로

축제 당일, 우려했던 일이 눈앞에서 벌어졌다. 개신교인 수천 명이 집결해 온갖 혐오 발언을 쏟아 냈다. 개신교인들은 퀴어퍼레이드를 막으려 행진 경로에 스크럼을 짜고 드러누웠다.

2020년부터 서울퀴어문화축제조직위원장을 맡고 있는 홀릭(활동명)도 그때를 생각하면 마음이 씁쓸해진다. 그는 2008년부터 퀴어문화축제에 참가해 왔다. 이전까지 개신교인들은 퀴어문화축제에 아무 관심이 없어 보였다. 그런데 2014년이 되자 갑자기 수천 명이 집단적으로 '동성애 반대'를 외치며 축제를 방해하기 시작한 것이다. 한 시간이면 끝날 퀴어퍼레이드가 다섯 시간 넘게 걸렸던 것을 그는 기억하고 있다.

홀릭 위원장은 스스로 "너무 예수쟁이"라고 말할 정

도로 크리스천이라는 정체성이 강한 사람이다. 한때 서울의 한 대형 교회에 다녔고 그 교회 담임목사를 마음을 다해 존경했다. 2014년 당시 교회에 다니고 있지는 않았지만, 크리스천의 정체성을 가지고 살아가던 그에게는 개신교인들의 방해 행위가 더욱 남다르게 다가왔다.

> "크리스천들은 보통 '예수님이 이 땅에 오신다면 누구랑 같이 있을까?' 이런 고민을 하잖아요. 근데 사회적 소수자에 대해서 굉장히 험한 말들을 하고 피켓까지 만들어서 혐오 선동을 한다는 것 자체가…. 저희를 마치 보수 기독교의 적처럼, 없어져야 할 사람들처럼 대하니까. 한편으로는 저들도 뭔가 믿음에 의해서 행동하고 있다는 생각이 드니까 더 속상하기도 하고…."

한때 보수 개신교계에 몸담았던 민김종훈 사제에게도 이들의 극렬한 방해는 더 아프게 다가왔다. 축복식 후바로 행진이 시작돼 그는 얼떨결에 퍼레이드 선두에 서게됐다. 행진을 막기 위해 필사적으로 드러누우며 혐오 발언을 내뱉는 수백 명을 바로 앞에서 마주했다. 성직자인 그에게는 욕설과 저주보다 기도와 찬송 소리가 더 가슴을 후벼 파는 듯했다.

"삶을 위로받고 저와 하느님을 이어 주던 그런 찬송가들, 복음성가들이 반대편에서 혐오의 노래로 불리고 있는 거죠. 끔찍하더라고요. 그들이 '십자가', '예수의 보혈로' 이러면서 찬송을 하는데, 그게 가슴에 칼처럼 꽂혔어요. 좀 과장된 표현일 수 있겠지만 마치 염산 테러를 맞는 것처럼, 그 말을 뒤집어쓰는 것 같은 느낌이 들었어요. 내게 그리스도의 보혈은 그런 게 아닌데….

동시에 '아, 이런 건가. 성소수자들은 이보다 더한 아픔을 받고 있겠구나'라는 생각이 들었어요. 이들에게는 그리스도의 보혈이 이렇게 다가오겠구나 싶었어요. 어떤 분이 저에게 '신부님, 기독교는 사랑의 종교라면서요. 근데 왜 저렇게 저를 저주하고 욕하는 걸까요?'라고 했던 말도 비수처럼 박혔어요. 그때도 임보라 목사님과 많이 울었죠. 참가자분들이 오히려 우는 저희를 많이 위로해 주셨어요."

그날 반동성애 개신교인들의 실체를 가장 가까이서 본 사람 중 한 명이 권 아무개 씨다. 개신교인들은 '동성애 반대 집회'와 동시에 '세월호 추모 공연'을 한다는 비상식적인 일을 벌였다. 공연 도중 퀴어퍼레이드를 막으려 모두가 달려 나간 것을 보면, 세월호 추모 공연은 퀴어문화축제 방해를 위한 허울에 불과했다. 행사 전날 급하게 사회자로 섭외된 권 씨는 이런 상황을 전혀 모르고 있었다. 그는 결국 행사 도중 주최 측에 "더 이상 못 하겠다. 페이는 안 주셔도 된다"는 뜻을 밝히고 무대에서 내려왔다.

이틀 뒤 그는 자신의 페이스북에 장문의 글을 올렸다. 모태신앙으로 평범한 교회에서 신앙생활을 하던 그가 어떻게 최초의 퀴어문화축제 반대 집회 사회를 보게 됐는지, 거기서 벌어진 비상식적인 일들은 무엇이었는지 상세히 적었다. 무엇보다 어찌 됐든 이런 일에 연루된 것에 대해 세월호 참사 희생자와 유가족에게 사죄하는 내용이었다. 글이 일파만파 퍼지자 집회를 주도했던 목사들에게 연락이 오기 시작했다. 이들은 권 씨를 찾아와 해명하며 글을 내려 달라고 했다. 권 씨는 한동안 이들에게 시달려야 했다.

"제가 열이 받았던 핵심은 뭐냐면, 그때가 세월호 참사가 터진 지 얼마 되지 않은 시기였다는 거예요. 대부분 사람들은 그날이 아마 기억나실 거예요. 세월호 참사가 터졌던 그 순간, 뉴스에서는 계속 오보가 나오고…. 저도 그날의 기억이 되게 생생한 사람이었단 말이에요. 근데 결국에는 세월호 추모를 가장해서 반동성애 집회를 한 거잖아요. 제일 충격적이었던 건, 주최한 목사들이 '거기에 세월호 유가족분들도 계셨다'고 했던 거예요. '그분들도 허락한 건데 무슨 상관이냐' 이런 식이었던 것 같아요.

그들은 동성애가 문제이고 탈동성애를 해야 하기 때문에 그걸 이루기 위해서는 이런 수단을 써도 된다고 생각하는 것 같더라고요. 탈동성애가 하나님의 뜻이라고 완전히 믿고 있기 때문에 그렇게 행동하는 것 같긴 한데…. 그렇다고 해도 세월호는 그 당시 최고 이슈였잖아요. 그 이슈를 그냥 써먹은 듯한 느낌이 들었어요. 근데 써먹을 게 있고 써먹지 말아야 할 게 있지 않나…. 그게 가장 큰 분노의 이유였어요. 10년이 지난 지금 생각해 봐도 선을 너무 세게 넘었죠."

축제 방해하면 개신교인들은 좋을까?

서울퀴어문화축제는 이후 매년 반동성애로 무장한 개신교인 수천 명의 혐오와 맞닥뜨린 채 진행됐다. 2015년부터 2022년까지 코로나19 시기를 제외하고 서울퀴어문화축제는 매년 6월 혹은 7월 서울시청광장에서 열렸다. 보수 교계는 마치 퀴어문화축제를 반대하는 게 교회의 사명이라도 되는 양 퀴어퍼레이드 날과 장소에 맞춰

연중 최대 규모 집회를 열었다. 경찰이 시청광장과 행진 경로를 에워싸고 있었기에 물리적인 방해는 줄어들었지만, 축제장으로 들어가는 길에 늘어선 피켓 든 개신교인들과 반대 집회 스피커들의 혐오 발언은 끊임없이 들려왔다. 이들은 축제를 전쟁터처럼 만들었다.

현재 정의당 마포구 지역위원장을 맡고 있는 오현주 위원장도 말로만 듣던 혐오 세력의 등장이 생경했다. 오래전부터 인권운동에 몸담았던 그는 2013년 홍대 앞에서 퀴어문화축제를 열었을 때 장소 섭외를 담당하기도 했다. 그때까지만 해도 어떤 집단이 퀴어문화축제를 적극적으로 방해할 거라고는 생각하지 못했다. 2년 만에 다시 찾은 퀴어문화축제 주변 광경은 많이 달라져 있었다.

"서울시청광장에서 축제를 할 때 일반 참가자로 몇 번 갔어요. 저는 그냥 놀러 간 거예요. 축제잖아요. 오랜만에 만난 친구들과 얘기도 하고, 부스 구경도 하면서 요즘에는 사람들이 어떤 것에 관심 있는지 보기도 하고, 굿즈 같은 것도 사고, 공연도 보고, 춤도 추고, 사진도 찍고. 너무 즐겁죠. 근데 혐오 세력은, 우선 너무 시끄러웠어요. 뭔가 해코지를 당할 수도 있겠다는 생각이 들어서 좀 위축되기도 했죠. 실제로 몇몇 기독교인과 대거리를 하기도 했고요. 왜 그랬는지 정확히 기억은 안 나는데, 그들은 심각한 혐오 발언도 많이 했고 침을 뱉거나 폭력을 행사하기도 했으니까요. 그리고 좀 촌스럽다? 무섭다기보다는 촌스럽다는 느낌이 들었어요. 이 시대에 아직도 저러고 있다니…. 맹목적으로 동원된 것 같아서 안타깝기도 했죠."

생각해 보면 보수 개신교계가 퀴어문화축제로 눈을 돌린 건 어느 정도 예상할 수 있는 일이었는지도 모른다. 오현주 위원장은 2011~2012년 서울시에 학생인권조례가 발의됐을 때 조례 제정을 위한 운동을 하고 있었다. 그때 보수 개신교계는 학생인권조례 내 차별 금지 사유에 임신·출산, 성적 지향이 있다는 사실 등을 문제 삼아 조례를 공격했다. 임신·출산을 조장하고 동성애를 확산한다는 억지 주장이었다. 그런데 반동성애 개신교인들은 이런 억지 논리로 공청회를 무산시켰다. 오현주 위원장이 처음으로 혐오 세력의 실체를 확인한 순간이었다.

"저는 그게 시발점이었다고 생각해요. 혐오 세력이 항의 전화 정도가 아니라 눈앞에 등장해서, 어떤 밀폐된 공간에서 압도적인 다수를 차지하면서 단상을 점거하고 마이크를 뺏고 폭력을 행사하고 종이를 찢고…. 이런 것들이 고스란히

받아들여지는 과정을 거치면서, 이 사람들이 일종의 성취감을 느끼면서 점점 사람이 늘어났다고 봐요. 그게 모체가 되어서 그렇게 성장한 이들이 퀴어문화축제에도 등장하고 전국으로 퍼져 나간 거죠."

반대 집회에 참가하는 개신교인들은 점점 늘어 갔지만, 2014년 신촌에서처럼 수백 명이 행진 차량을 가로막거나 하는 일은 일어나지 않았다. 퀴어문화축제는 퀴어문화축제대로, 반대 집회는 반대 집회대로 나뉘어 진행됐다. 그렇다고 혐오 세력의 존재가 위협이 되지 않는 것은 아니었다. 홀릭 위원장은 축제를 준비하는 사람으로서 항상 참가자들의 안전이 우려된다.

"참가자들이 걱정되더라고요. 광장에 나와서 '나 혼자만 있는 게 아니구나', '내 주변에 이렇게 많은 성소수자가 있구나', '나를 지지하는 많은 앨라이가 있구나' 이런 것을 느끼고, 내가 나로 산다는 것에 자긍심을 느끼게 되는 것이 퀴어문화축제인데. 수많은 혐오 세력을 접하면서 '나를 싫어하는 사람도 이렇게 많이 있구나'를 먼저 보게 될까 봐 그게 걱정이죠.

계속 이런 식으로 가는 건 개신교계에도 좋지 않을 거라고 봐요. 일반 사람들은, 이것은 분명히 아니라고 느끼거든요. 아무리 성소수자에 대해 불편한 감정이 있더라도, 보수 개신교인들은 너무 과격하게 행동하잖아요. '종교가 저렇게 행동하는 것이 옳은가'라고 계속 의문을 불러일으킬 수밖에 없어요. 개신교인도 점점 줄어들고 있고 상황이 좋지 않을 텐데, 왜 동성애 혐오 프레임을 계속 가져갈까….

저는 교계 지도층에 있는 사람들이 성소수자 혐오를 이용한다고 생각하거든요. 이게 정말 믿음으로, '동성애 하면 지옥 간다'는 그 교리 때문에 이렇게 목숨 걸고 반대하는 것이 아니라, 지금 반대 집회에 모이는 사람들, 그 사람들을 모이게 하는 기제로 동성애를 사용하는 거예요. 그전에는 아마 다른 기제를 사용했을 거예요. 그리고 앞으로 또 다른 것을 이용하겠죠."

권 씨는 2014년 서울퀴어문화축제 반대 집회에서 사회를 봤던 경험 때문에 인생이 많이 바뀌었다. 이후로 페이스북에서 친구 신청이 물밀듯 들어왔고, 자신의 삶과는 다른 궤적을 가진 수많은 사람을 만날 수 있었다. 다른 삶들이 마구 침투해 들어오는 느낌이었다. 마침 진지하게 기독교 신앙에 대해 고민하던 때이기도 했다. 그는 다른 삶들을 직면해야겠다고 생각했다. 자신을 익숙하지 않은 곳에 밀어 넣었다. "부서져라" 밀어 넣었고, 벽이 부서지자 그는 더 넓은 세상을 만날 수 있었다. '우물 안'을 벗어나면서 비로소 보게 된 보수 개신교인들의 행태는 실망스러웠다.

"매해 그런 일이 계속되니까 정말 창피하더라고요. 교회 다니기도 싫고, 어디 가서 교회 다닌다는 말을 못 하겠더라고요. (반동성애 개신교인들은) 정신적으로 좀 문제가 있지 않나 싶을 정도로 거기에만 몰입해 있는 것 같아요. 뭔가 합리적인 판단을 잘 못 하는 것 같아요. 이게 꼭 신앙이 아니어도 여러 가지 상식의 선을 지키고 합리적인 사고를 할 수 있다면, 성소수자들의 인권을 그렇게까지 막아야 하나 싶은 생각이 들 거거든요."

퀴어문화축제 때마다 어김없이 나타나는 반동성애 개신교인들 때문에 교회나 크리스천의 이미지도 많이 바뀌었다. 오현주 위원장은 종교 활동을 하지는 않지만 종교에 대한 편견이 없고, 오히려 종교 생활을 하는 것이 건강한 삶이라고도 생각해 왔다. 개신교가 유독 타 종교에 관용적이지 못하고 전도에 대한 압박감을 가지고 있다는 사실도 잘 알고 있다. 하지만 그것을 감안하더라도 이런 식의 방해는 위험하다고 느낀다.

"제가 살면서, 기독교인들을 보면 조심해야 한다고 생각하거나, 좀 심하면 경기를 일으키거나, 내가 저 사람한테 해코지를 당할 수도 있겠다고 생각한 적은 없었거든요. 오히려 기독교인들은 주말에 꼬박꼬박 교회 나가고, 성실한 이미지가 있었어요. 근데 혐오 세력이 등장하고 나서부터는 기독교인이라면 누구라도 혐오 발언이나 폭력을 행사할 수 있겠다고 느끼니까… 어떤 사람이 기독교인이라고 했을 때 경계하게 되더라고요.

그리고 이런 혐오의 분위기가 전체 기독교에 퍼져 나가고 있는 것 같아요. 초기에는 아주 소수였는데 이제는 다수가 된 느낌. 그러니까 기독교 전체가 그런 방식으로 가고 있다는 건 심각한 문제라고 보죠. 그리고 혐오가 뭔가 교회의 헌금을 유지하고 세를 불리는 데 이용되고 있다는 생각도 많이 들어요."

드러내는 것이 축제의 이유

보수 개신교인들이 퀴어문화축제를 반대·방해하는

이유로 가장 많이 내세우는 것 중 하나는 '노출'이다. 소위 반동성애 강사들과 보수 교계 언론의 프로파간다로 퀴어문화축제는 '음란 축제', '팬티 축제'라고 비방받는다. 더 큰 문제는 이런 왜곡·과장된 주장이 공적인 영역까지 번지고 있다는 것이다. 2022년 서울시는 서울시청광장에서 퀴어문화축제를 여는 것을 허용했으나, '과도한 노출'이 있다면 앞으로 광장 사용을 제한하겠다고 밝혔다.

홀릭 위원장은 퀴어문화축제가 '노출', '음란'이라는 말과 연관될 때면, 지금은 세상에 없는 한 친구가 떠오른다. 그는 트랜스젠더 남성이었다. 가슴 수술을 한 그해 퀴어문화축제에서 윗옷을 벗고 퍼레이드에 참여했다. 처음으로 자기 자신의 몸이 불편하지 않게 됐을 때, 그 몸을 사람들에게 보여 주기로 선택한 것이다.

"벗는 사람이 있을 수 있죠. 근데 벗는 의미가 다를 거라고 생각해요. 그 친구의 경우는 선정적인 게 아니라, 내가 가장 나일 수 있는 몸을 사람들한테 보여 주는 용기였던 거예요. 그 사람에게는 굉장히 중요한 의미의 순간인 거죠. 근데 그분은 지금 안 계세요.

성소수자가 한국 사회에서 진짜 나로서 존재할 수 있는 시간은 사실 별로 없어요. 가정에서도, 직장에서도, 교회에서도 별로 없죠. 나를 드러내지 못하는 것이 성소수자가 당하는 가장 큰 차별이라고 저는 생각하거든요. 혐오하는 목소리가 옆에 있어도 많은 성소수자가 퀴어문화축제에 오는 건 그래도 안전하다고 느끼기 때문이에요.

제가 성소수자 활동가로도 일하고 있으니까, 강의를 하면 간혹 노출에 대한 얘기가 나와요. 그럼 제가 질문을 해요. '퀴어문화축제에 한 번이라도 와 보셨나요?' 그러면 다 아니래요. 그렇다면 보도만 본 거거든요. 실제로 참여하신 분들은 생각이 많이 바뀌어요. 퀴어문화축제에는 아이를 데리고 가족 단위로 오시는 분도 많고, 성소수자 앨라이로 참여하시는 분도 엄청 늘었어요. 프라이드 퍼레이드에 한 번이라도 참여하신 분이라면, 선정적인 모습이 어디 있는지 찾기 어려울 정도로 노출이 심한 옷을 입은 사람은 그렇게 많지 않아요.

이 '선정적'이라는 키워드를 가지고 계속 축제 자체를 폄하하려고 하는데… 정말 유치한 이야기이긴 하지만, 그렇게 치면 머드 축제, 물총 축제 이런 게 더 선정적인 거예요. 계속 선정적이라는 키워드 하나만으로 '퀴어문화축제가 청소년한테 유해하다'고 하지만, 사실 자신의 정체성을 고민하는 많은 청소년이 축제에 와서 살아갈 힘을 가져가는 부분은 보지 않거든요."

한참 노출에 대한 보도가 많이 나왔을 때, 오현주 위원장도 친구들과 퀴어문화축제에서의 노출에 대해 많은 이야기를 나눴다. '꼭 저렇게까지 입을 필요는 없지 않나'라며 참가자들이 좀 자중해야 한다는 의견도, 퀴어문화축제에서의 노출이 선정적이라는 것은 부당한 프레임이라는 의견도 있었다. 다양한 이야기가 오갔지만 모두가 공감했던 것은 결국 보도가 과장됐다는 점이었다.

"실제 현장의 맥락이라는 게 있잖아요. 안전한 공간이기에 충분히 용인될 수 있는 부분이고 거기서 그 문화를 즐기고 있는 건데, 그런 장면만 딱 따와서 보도하면 굉장히 선정적으로 비칠 수밖에 없는 거죠. 한편으로는 참가자들이 일부러 선정적인 모습을 드러낼 수도 있다고 봐요. 근데 그게 현장에서는 크게 문제가 된다고 느껴지지 않아요. 그래서 '한 번이라도 와 본 사람은 절대 그런 기사에 동의하지 않을 텐데'라는 생각을 많이 했어요. 그런 기사를 보고 문제라고 하는 사람한테는 '한 번이라도 와 봐. 절대 그렇게 느끼지 않을 거야' 이런 얘기를 많이 했던 것 같아요."

성소수자를 바라보는 시민들의 의식은 예전보다는 높아졌지만, 한편으로는 보수 개신교계의 허위 주장이 퍼진 탓인지 많은 진전을 이루지 못했다. SOGI법정 책연구회*에 따르면, 2022년 6월 기준 한국의 '무지개 지수'Rainbow Index는 10.56퍼센트로 매우 낮은 수준이다. 한국 다음 순위인 러시아(8.45%)는 동성애선전선동금지법이라는 법률로 성소수자 활동을 차단하고 있다. 한국은 2019년에는 러시아보다 무지개 지수가 낮았다. '동성애를 반대하지는 않지만 서울시청광장 같은 공공장소에서 행진까지 할 필요는 없지 않느냐'는 말이 나오는 이유다. 홀릭 위원장은 말한다.

"그게 축제의 존재 이유예요. 성소수자가 드러내지 않으면 사람들은 다 이성애자라고 생각하니까요. 1969년 스톤월 항쟁** 이후로 전 세계로 뻗어 나간 프라이드 퍼레이드가 도심에서 열리는 이유는 내가 나임을 드러내기 위해서예요. 성소수자가 너의 옆에 있다는 거예요. 그러니 '어디 들어가서 조용히 하라'는 건 말이 안 되는 거죠. '왜 보이는 데서 하느냐'는 말은 '왜 커밍아웃하느냐'는 말과 똑같거든요."

---

* 성적 지향(sexual orientation)·성별 정체성(gender identity)과 관련된 인권 신장 및 차별 시정을 위한 법제도·정책 분석과 대안 마련을 위해 2011년에 발족한 연구회로서 국내외 변호사와 연구자로 구성되어 있다.
** 1969년 뉴욕 주점 '스톤월 인'에 경찰들이 들이닥쳐 성소수자로 의심되는 사람들을 난폭하게 검문·체포한 사건에 반발해 일어난 항쟁.

결국 사랑이 이길 거니까

　서울퀴어문화축제는 2023년에도 서울시청광장에서 열릴 예정이었다. 그러나 서울시청광장 사용을 승인하는 서울시 열린광장운영시민위원회는 서울퀴어문화축제 대신 같은 날 장소 사용을 신청한 CTS문화재단의 '청소년·청년 회복 콘서트'에 광장 사용을 허가했다. 누가 봐도 보수 개신교계가 퀴어문화축제를 방해하려 하는 행위인데, 서울시는 이들의 행위에 손을 들어 준 것이다. 이를 보는 권 씨는 기시감을 느낀다.

　"이게 10년 전과 똑같이 반복되는 것 같아요. 이번에도 뭐 청소년과 청년을 위한 공연을 한다고 하더라고요. 목적은 결국 퀴어문화축제를 방해하려고 하는 거잖아요. 왜 매번 이런 식인 건지⋯. 수단과 방법을 가리지 않는 게 저는 되게 불만인 거예요. 교회라면 더 신중하게 수단과 방법을 가려야 하지 않나? 목적을 이루기 위해서 수단과 방법을 가리지 않는 행위가 장사하는 사람보다도 심한 것 같아요. 요즘엔 장사도 그렇게 하면 망하잖아요."

　서울시청광장은 서울 시내 중심이라는 상징성이 있

는 공간이다. 일부 반동성애 개신교인도 이를 의식한 듯 '퀴어문화축제가 서울시청광장에서만 열리지 않으면 된 다'고 이야기한다. 하지만 현실적으로 서울 시내에서 십 만 명 이상이 안전하게 축제를 진행할 수 있는 장소는 흔 치 않다. 누군가는 여의도 같은 곳에서 하라고 하는데, 그 렇게 된다면 여의도에 있는 그 대형 교회가 가만있을까. 스물네 번째 축제를 하는데 아직까지도 안전한 공간을 확보하는 일부터 너무 힘들다고 홀릭 위원장은 말한다.

> "저는 좀 이해를 못 하겠어요. 저희가 20년 넘게 이 행사를 했고 서울시청광장에서 적어도 5년 넘게 했는데, 그리고 이 축제가 무슨 축제인지도 다 알 텐데, 그걸 매번 심의에 올려 서 얘기한다는 게 이해가 안 가요. 서울퀴어문화축제는 사 실 굉장히 많은 사람들이 오는 시민 축제로 이미 자리 잡았 거든요. 외국에서도 저희 축제 오면 정말 좋아하시고요. 근 데 지자체마저 퀴어문화축제를 시민 축제로 보지 않는 것 같아요."

반동성애 개신교인들의 집요한 방해와 지자체의 비 협조 속에서도 서울퀴어문화축제는 계속된다. 제24회 서울퀴어문화축제는 2023년 7월 1일, 서울시청광장 대신 을지로2가 일대에서 열렸다. 민김종훈 사제는 서울퀴어문화축제에서 새로운 시도를 했다. 그리스도교 목회자들이 축제 현장 곳곳을 누비며 원하는 이들에게 작은 축복식을 열어 준 것이다. 이름하여 '무지개축복단'. 축제장 밖에서 울려 퍼지는 저주와 혐오가 하나님의 메시지는 아니라는 것을, 하나님은 성소수자도 인정하시고 축복하신다는 사실을 전했다.

"저는 교회를 너무나 사랑하는 사람이에요. 제가 하는 모든 인권 활동은 교회가 있어야 할 자리에 그리스도의 이름으로 함께하는 것뿐이에요. 종교인이자 사회 활동가로 함께하는 거죠. 그 선후가 바뀐 적이 단 한 번도 없어요. 반대편에 계신 분들에게 이야기하고 싶어요. 여기에도 당신들과 같이 성령에 대해 이해하고 만나는 사람이 있다고. 그런데 퀴어라는 이유로, 퀴어와 연대한다는 이유만으로 당신들이 그렇게 손가락질하고 짓밟으려고 하는 게 그리스도의 복음에 비춰 봤을 때 맞느냐고.

그분들이 그 혐오와 차별, 무지의 길에서 벗어나, 언젠가 우리가 함께 퀴어문화축제에서 손잡고 축복하고 꽃잎을 뿌릴 수 있으면 좋겠다는 기대를 해요. 그때는 정말 우리가 부르는 찬송과 복음성가가 누군가에게 저주와 혐오의 칼날이 되는 것이 아니라 축복의 노래가 되기를 바라요. 너무 꿈같은 이야기이지만 임보라 목사님과도 자주 이야기하고 그랬어요. 저는 그게 하느님의 꿈이라고 생각하거든요."

혐오 세력이 앨라이가 되는 역사가 정말 일어날 수 있을까. 10년의 역사를 돌아보면 희망은 너무나 작아 보인다. 2023년에도 혐오 세력은 전국에서 열리는 퀴어문화축제를 방해했고, 앞으로도 방해할 것이다. 왜 이렇게까지 하는지, 홀릭 위원장도 때론 분노의 감정을 느낀다. 그럴 때마다 떠오르는 기억이 있다. 몇 년 전 축제 때 겪었던 일이다.

"어떤 아주머니가 계속 성경 말씀을 읊으면서 참가자들을 굉장히 힘들게 한다는 무전을 받고 현장에 달려갔어요. 가보니까 아주머니가 계시는데, 우리 참가자들이 그 사람을 둘러싸고 계속 '사랑해'를 외치고 있더라고요. 정말 새로운 광경이었어요. 그랬더니 그 아주머니도 결국 웃으시더라고요. 그 장면을 보면서 '정말 무엇이 이길까' 이런 생각을 했어요.

지금 가장 힘들고 암흑기처럼 보이지만, 점점 더 나아질 거라고 생각해요. 지금이 혐오의 정점이라면 언젠가 달라지는 시점이 분명히 올 거니까. 여성 인권이나 흑인 인권, 장애인 인권, 난민 인권 등 여러 인권운동들이 똑같은 결을 가지고 있기도 하고요. 언젠가는 그 굴곡을 넘어서 내려가는 시기가 분명히 오거든요. 그 역사의 힘을 믿기 때문에 계속 축제를 하는 거죠."

06.
가다 서다 반복해도
한 걸음씩 내딛는다

혐오 세력 테러 딛고 일어선
인천퀴어문화축제

2018년 10월 3일 인천 남동구에서 열린 '인천퀴어문화축제 혐오 범죄 큐탄 집회' 모습. 경찰을 기준으로 아래쪽이 규탄 집회 쪽, 위쪽이 반동성애 진영이다. ©뉴스앤조이

"그때 기억을 애써 밀어내려고 하는 것 같아요."

인천퀴어문화축제조직위원회 임신규 공동집행위원장은 2018년 열린 제1회 인천퀴어문화축제의 기억을 힘겹게 떠올렸다. 그는 당시 축제 조직위원이었다. 2013년 홍대에서 열린 서울퀴어문화축제에 처음 참석한 뒤 매년 축제에 참가하기 위해 서울에 오가면서 '인천에서도 이런 축제가 열렸으면 좋겠다'고 생각했다. 2018년 초, 임신규 위원장을 포함해 소셜미디어에서 만난 십여 명이 조직위원회를 꾸렸다. 그해 9월 8일, 인천광역시 동인천역 북광장에서 제1회 인천퀴어문화축제가 열렸다.

이날 광장에서는 누구도 예측하지 못한 일이 벌어졌다. 보수 개신교인 수천 명이 축제를 막기 위해 광장에 드러눕고, 참가자들이 밖으로 나가지 못하도록 광장을 둘러싸 봉쇄했다. 개신교 혐오 세력은 퀴어문화축제 참가자들이 '사탄 마귀'인 양 때리고, 넘어뜨리고, 깃발을 빼앗았다. 개신교인인 임신규 위원장도 혐오 세력의 광기

어린 모습을 눈앞에서 마주했다. 그날의 기억은 지금까지
도 트라우마로 남아 있다.

"저는 사실 그때 그런 일을 겪고 나서 한동안…. 아마 참가
자들이 다 겪었을 겁니다. 정신적 트라우마를 겪었고. 그래
서 인천에 있는 게 싫어서, 어떻게든 인천을 좀 벗어나고 싶
다는 생각을 꽤 오랫동안 하기도 했습니다."

왜 이렇게까지 할까

2018년 9월 8일 동인천역 북광장은 아비규환이었
다. 이날 퀴어문화축제는 오전 11시에 열릴 예정이었다.
개신교인들은 전날 밤부터 광장 입구를 대형 버스로 봉
쇄하고 무대를 점거했다. 당일에도 오전 7시부터 광장에
드러눕거나 자리를 차지해, 축제 장비 차량과 준비팀이
들어오지 못하게 했다. 정오가 되자 상황은 극한으로 치
달았다. 순식간에 수천 명으로 불어난 혐오 세력은 참가
자들이 광장에 들어가거나 나오지 못하도록 고립시켰다.
곳곳에서는 통성기도와 함께 참가자들의 팔을 물거나 휠
체어를 넘어뜨리는 등 온갖 폭력 행위가 난무했다. 당시

현장에는 경찰도 있었지만, 양측을 분리하는 데는 소극적이었다.

　　"아침에 축제를 준비하려고 광장에 갔는데, 반대하시는 분들이 여기저기서 참가자들이 행사장으로 못 들어가게 하려고 완전 다 둘러싸고 있었어요. 안으로 들어가려 하면 절대 못 들어가게 막았고, 그 안에 계신 분들은 아예 갇혀서 화장실조차 갈 수 없는 상황이었어요. 그 와중에 경찰들은 아무것도 하지 않고 있었고. 말 그대로 아수라장이었죠. 실제로 현장에 있으면서 저도 넘어지고 다쳤는데, 나중에 끝나고 보니 몸 여기저기에 다 멍이 들어 있더라고요. 제 주변에 있는 사람들은 팔을 물리기까지 했는데, 그런 사람들이 너무 많았어요."

　　혐오 세력의 방해 때문에 결국 축제는 제대로 열리지 못했다. 반동성애 개신교인들은 오후에 예정된 퍼레이드도 끈질기게 방해했다. 참가자들이 퍼레이드를 하려고 하자 행진 차량의 바퀴에 못을 박아 펑크를 내기도 했다. 그럼에도 참가자들은 포기하지 않았다. 거리에 드러누워 행진을 막는 사람들 때문에 가다 서다를 수없이 반복했지만 한 걸음씩 계속 내디뎠다. 결국 400미터를 행진하는 데 다섯 시간이나 소요됐다. 이날 20분으로 계획했던 퍼레이드는 늦은 저녁 무렵에야 끝이 났다.

"원래대로라면 오전 11시에 부스 행사가 시작하고, 오후 3~4시쯤에는 행진하고, 오후 5~6시에는 모든 게 마무리 돼야 했거든요. 근데 그게 처음부터 끝까지 다 안 지켜졌어요. 그분들이 새벽부터 밤늦게까지 계속 (광장을) 봉쇄했다고 보면 돼요. 결국 행진도 원래 예정된 코스대로 하지 못하고 북광장에서 굴다리를 지나서 동인천역 남쪽 역까지 가는 걸로 바꿨어요. 걸어가면 정말 5분밖에 안 되는 거리를 다섯 시간인가 걸려서 왔어요. 행진하려고 다들 서 있는데 한 발짝도 못 나가는 그런 상황이었죠."

눈앞에 벌어지는 상황을 임 위원장은 도저히 이해할 수 없었다. 과거 서울·대구 등에서도 퀴어문화축제를 방해하는 개신교인들이 등장하기는 했지만, 이렇게까지 극심하게 언어적·물리적 위해를 가한 적은 없었다. 심지어 보수 개신교인들은 성소수자 당사자뿐만 아니라 성소수자와 연대하기 위해 참여한 지지자들에게도 폭력을 행사했다. 걷잡을 수 없이 분노가 치밀었다. 고등학생 시절 선교사를 꿈꿨고, 한때 신학대학교 진학을 희망했던 임 위원장이 개신교에 반감을 품게 되는 순간이었다.

"이전까지는 '저분들이 좀 반대하시는구나' 정도로만 생각했어요. 어떻게든 교회에 연을 계속 두고 싶어서 진보적이라는 교회에 찾아가 보기도 했고요. 그런데 퀴어문화축제를 겪고 나서부터는 이제 '교회'가 적힌 간판이나 십자가만 봐도 외면하게 됐어요. 주변에서 누가 교회를 다닌다고 하면 그 사람은 저절로 이만큼 떨어져서 보게 되고, 교회에 다니지 않는 사람들에 비해서 더 경계심을 가질 수밖에 없게 되더라고요. 저 같은 사람들의 존재 자체를 부정하는 걸 넘어서 직접 폭력을 행사했으니까. 그건 범죄행위잖아요.

너무 화가 났고 이해할 수 없었어요. 저는 이후에도 그런 사람들을 계속 겪었거든요. 무슨 '인권'이라는 글자가 들어가는 행사가 열린다고 하기만 하면, 사람들을 조직적으로 동원해서 반대한다고 외치고, 피켓 들고 나오고. 그런 사람들을 보면 어떻게든 그 자리를 빨리 피하고 싶고, 마주치고 싶지 않은 마음이 들어요. 이러다 보니까 개신교인들만 보면 그냥 정나미가 떨어져요.

만약 시간과 기회가 있고 차분하게 이야기할 수 있다면, 대화는 한번 해 보고 싶어요. 하나님, 예수님은 그렇게 믿으라고 하지 않은 것 같은데 왜 그러고 계시냐, 정말 이렇게 하고 천국에 가실 수 있겠냐고요. 그분들이 왜 그런 생각을 갖게 됐는지 알고 싶어요. 대화하다 보면 얘기가 통할 지점도 있다고 생각하거든요. 그런데 한편으로는 나라는 존재를 반대하는 사람과 같이 앉아서 얘기를 나누는 게 꼭 필요한 일인가 싶기도 해요. 그런 상황을 만드는 것조차 사실은 괴로운 일이니까요."

혐오와 무지가 섞인 눈빛

2022년부터 인천퀴어문화축제 공동조직위원장을 맡고 있는 조서울 위원장은 당시 상황을 소셜미디어를 통해 실시간으로 지켜보고 있었다. 대학원 생활을 하느라 직접 축제에 참가하지 못한 터였다. 조 위원장의 소셜미디어 타임라인에는 인천퀴어문화축제에서 무슨 일이 벌어지고 있는지가 급박하게 공유됐다. 참가자들이 집단 린치를 당하는 장면은 현장에 있지 않았던 그에게도 큰 충격을 줬다.

"심장이 덜컥 내려앉는 느낌…. 사실은 성소수자들이 평상시 혹은 살면서 겪는 혐오·차별이 물리적인 형태로 드러난 거죠. 인터넷 댓글 창에 달리는 혐오 댓글의 실사판 같은 느낌이었어요. 한국에 사는 성소수자들은, 의식적으로든 무의식적으로든 행해지는 혐오와 차별을 겪으면서 살아가고, 자신을 겉으로 다 드러낼 수 없어서 정신적으로 질병을 앓는 분도 많아요. 그런데 이러한 것들이 축제장에서도 터져나온 건… 정말 최악의 상황이었죠."

이날 벌어진 개신교인들의 집단 린치는 퀴어문화축제 참가자들에게 지울 수 없는 상처로 남았다. 조서울 위원장도 이때를 떠올리면 여전히 영향을 받고 있을 참가자들이 생각나 눈물이 왈칵 터진다. 그는 2022년 열린 서울퀴어문화축제에서 부스를 운영하면서, 제1회 인천퀴어문화축제에 참가한 이들 여럿과 이야기를 나눌 기회가 있었다. 이들은 조 위원장에게 "인천에 거주하지만 다시는 인천에서 열리는 축제에 가고 싶지 않다"고 털어놨다. 수년이 지난 일이지만 그 후유증이 계속 이어지고 있는 것이다.

축제를 방해하고 경찰·참가자들을 폭행한 개신교인들은 형사처벌을 받았다. 법원은 2019년과 2020년, 탁아무개 목사 등 세 명에게 각각 200만·300만·500만 원의 벌금형을 내렸다. 하지만 그 외에 폭력 행위를 저지른 수많은 사람과 축제를 조직적으로 방해한 단체들은 별다른 제재를 받지 않았다. 참가자가 너무 많아 특정할 수 없고 증거가 부족하다는 이유였다. 인천퀴어문화축제조직위원회는 2018년 10월 보수 개신교 단체 회원 일곱 명을 고발했지만, 검찰은 모두 불기소처분했다.

조서울 위원장은 이듬해인 2019년 부평역 북부광장에서 열린 제2회 인천퀴어문화축제에 참가했다. 혐오 세력에 대한 두려움보다 나고 자란 동네에서 열리는 축제에 참가하고 싶다는 마음이 더 컸다. 그는 익숙한 도로변을 무지개색으로 물들이며 벅차오르는 기분을 느꼈다. 보수 개신교인 수천 명이 축제 장소 인근에서 스피커를 크게 틀고 집회를 열며 축제를 방해했지만, 전년처럼 극렬한 양상을 보이지는 않았다. 경찰도 혐오 세력을 적극적으로 차단·분리했다. 그럼에도 몇몇 개신교인은 혐오 문구가 적힌 피켓을 들고 퍼레이드 행렬을 끈질기게 쫓아왔다. 이때 마주한 이들의 눈빛을 조 위원장은 지금도 기억한다.

"저희가 도로를 행진하면 경찰이 막아 줘도 그분들이 옆에서 계속 따라와요. 그분들은 앞을 보는 게 아니라 저희를 보면서 '회개해라' 등 여러 가지 구호를 외치는데, 특유의 눈빛이 있어요. 뭔가 되게 괴기스러운 걸 본다는, 혹은 불쌍하다는 눈빛. 같은 레벨에서 대화하는 게 아니고, 되게 안 좋은 쪽으로 대상화된 느낌이 들어요. 잘 모르지만 혐오하는 무언가를 보는 눈빛. 처음 받아 보는 눈빛이죠. 마치 동물원의 원숭이가 된 것 같달까요. 그런 시선을 받는 게 굉장히 부담스럽고 힘들죠."

조 위원장도 퀴어문화축제에서 혐오 세력을 맞닥뜨리며 크리스천들을 바라보는 시선이 바뀌었다. 그는 개신교 집안에서 자랐기 때문에, 이전까지는 개신교 문화에 익숙했고 좋은 점도 많다고 느껴 왔다. 하지만 이제는 크리스천을 만나면 '방어막'부터 친다.

"개신교인들을 만나면 가드를 올리게 되는 것 같아요. 가능한 한 멀어지려고 하고. 접점을 만들면 인생이 피곤해질 것 같으니까요. 제 나름대로 미터법 같은 것도 있어요. 누가 교회를 열심히 다닌다는 걸 알게 되면, 그 사람이 어떤 교회를 다녔는지, 어떤 식으로 믿으면서 다녔는지 얘기를 나누면서 스스로 감별을 해요. '좀 안전하네'라는 생각이 들면 어느 정도까지는 친해질 수 있지만, 그게 아니라는 판단이 서면 최대한 멀어지는 거죠. 물론 예전에는 그러지 않았어요."

해를 거듭할수록 혐오 세력의 양상도 변화한다. 최근에는 반대 집회에 아동·청소년을 데려오거나 유아차를 끌고 나오는 개신교인이 늘어나고 있다. 아이들도 성인들을 따라 혐오 문구가 적힌 피켓을 들고 퍼레이드 행렬을 따라온다. 조 위원장은 그 모습이 너무도 슬프다. 하지만 한편으로는 축제를 계속할 이유가 되기도 한다. 이렇게라도 아이들과 접점이 생기면, 언젠가 성소수자를 향한 왜곡된 편견이 사라질 수도 있다고 생각하기 때문이다.

"'나 다 잘 알고 있어. 그런데도 반대해' 이런 눈빛이면 오히려 더 힘들 텐데, 그게 아니에요. 애들이 특히 그래요. 애들은 어리둥절한 표정이에요. 일단 어른들 따라서 반대는 하는데, 자기가 여기 왜 있는지 모르죠. 그러다 보니까 또 조금은 희망적이기도 한 것 같아요. '몰라서 그러는구나' 하는 생각이 드니까. 혐오 세력을 만나는 일 그 자체로는 기분 나쁘지만, 그래도 잘 모르는 눈빛이기 때문에 '축제를 통해 우리 같은 사람들이 있다는 걸 계속해서 알리면 가능성이 있겠다'는 생각도 들어요. 아예 모를 때보다 접점이 생기고 성소수자를 제대로 알게 되면 그렇게까지 할 사람은 없을 테니까요."

여기는 오히려 천국 같아요

퀴어문화축제는 일 년에 한 번 열리는 성소수자들의 명절이자 말 그대로 축제다. 하지만 매년 조직위는 '군사작전'을 짜듯 축제를 준비한다. 보통의 축제라면 미리 날짜·장소를 알려 최대한 많은 사람이 참석하게 하지만, 퀴어문화축제에서는 '최후의 순간'까지 공개를 미뤄야 한다. 날짜·장소가 알려지면 혐오 세력이 '맞불 집회' 신고, 행정청 민원 폭탄 등 온갖 방법을 동원해 개최를 막으려고 하기 때문이다. 퀴어문화축제를 준비하면서 가장 어려운 점은, 축제를 축제답게 열지 못한다는 점이다.

2023년에도 보수 교계의 선동과 반대 민원 때문에 춘천·서울·대구에서 장소 사용 불허와 행정대집행이 있었다. 축제를 준비하고 있는 조서울 위원장은 들려오는 다른 지역 소식들이 남 일 같지가 않다. 인천도 거의 매해 황당한 이유로 지자체가 장소 사용 불허를 결정해 왔기 때문이다. 2018년 인천시 동구청은 조직위가 안전요원 300명과 주차장 100면을 확보하지 못했다는 이유로 동인천역 북광장 사용을 반려했다. 2022년 축제에서는 인천대공원사업소가 '심한 소음'을 이유로 중앙공원 사용을 막았다.

"저희는 장소를 정할 때 교통이 얼마나 마비될 수 있는지, 대비책은 마련돼 있는지 등 고려하는 게 정말 많아요. 시민들에게 큰 불편을 끼치지 않으려고요. 상식적인 부분들을 최대한 고려해서 준비하는데, 오히려 행정청에서 상식적이지 않은 판단을 하는 거죠. 공문에 담긴 장소 사용 불허 이유를 보면, 차별과 편견을 바탕으로 하는 내용이 대부분이에요.

저희가 축제를 한다고 하면 개신교인 1,000명이 조직적으로 구청 홈페이지에 반대 청원을 올려요. 그럼 공무원들한테는 공포인 거예요. '이거 봐라. 이렇게 많은 사람이 반대하지 않냐. 그러니까 우리 이거 못 한다' 이렇게 나오죠. 그런데 예를 들어 부평 지역만 해도 인구가 50만 가까이 돼요. 그중 1,000명이라고 하면 소수 아닌가요? 소수가 과대표 되어 있는데도 공무원들이 그걸 받아 주니까, 개신교인들도 계속 똑같은 패턴으로 방해하는 것 같아요."

보수 교계가 주장하는 퀴어문화축제 반대 이유는 축제가 '선정적'이라는 것이다. 하지만 이들은 '물총 축제'나 '워터밤' 등 노출을 기본으로 하는 다른 행사에는 같은 기준을 들이대지 않는다. 조·임 위원장은 이러한 주장이 결국 성소수자에 대한 오해에서 비롯된 편견이자,

퀴어문화축제를 반대하기 위한 궤변일 뿐이라고 말한다.

"저는 퀴어문화축제가 선정적이었으면 좋겠어요. 노출이 심하다고 하는데, 저는 최근 몇 년간 축제에서 노출하는 사람들을 보지 못했어요. 참가자 몇천 명 중 한두 명이 약간 더 드러내는 정도? 하물며 서울퀴어문화축제는 수만 명이 참가하는 행사잖아요. 그런 행사는 주최 측에서 다 모니터링할 수도 없고, 그중 한두 명이 그랬다고 해서 그게 어떻게 선정적인 행사라고 할 수 있나요? 정말 오래된 사진을 갖다가 우려먹고 하는데, 저는 선정적으로 보도하는 언론이 더 선정적인 것 같아요." [임신규]

"일 년에 딱 한 번 자기가 표현하고 싶은 모습을 공개된 장소에서 표현하는 게 퀴어문화축제예요. 그리고 만약 정말 참가자들이 선정적이었다면 풍기문란죄로 입건이 됐겠죠. 저는 오히려 성소수자 커뮤니티나 축제 참가자들이 이런 공격을 많이 받으니까 다들 조심하는 게 안타까워요.
지금 축제를 가 보면, 분위기가 진짜 뭐라 그럴까요. 천국 같아요. 너무 무해하고, 안전하고. 다들 그 자리에 모인 서로에게 되게 나이스하게 대하려고 하거든요. 한편으로는 신기하죠. 자기를 있는 그대로 다 드러내도 안전한 분위기를

느낀다는 게." [조서울]

퀴어문화축제는 이러한 편견과 혐오에 균열을 내기 위해서, 더 거세게 행진한다. 그런 이들과 함께하는 개신교인들도 있다. 2019년 8월 31일 열린 제2회 인천퀴어문화축제에서, 고 임보라 목사(섬돌향린교회), 이동환 목사(영광제일교회), 김돈회 사제(대한성공회 인천나눔의집)는 연단에 올라 성소수자들을 축복했다. 이동환 목사는 이후 기독교대한감리회로부터 '정직 2년' 징계를 받는 등 고초를 겪었지만, 그는 인천을 넘어 대구·서울 등 다른 지역 축제에도 적극적으로 참여하며 성소수자를 환대하고 있다. 2023년 인천퀴어문화축제조직위원회에는 개신교계를 대표해 '대한성공회 인천나눔의집'이 함께하고 있다.

퀴어문화축제를 계속 진행하다 보면, 성소수자 인권에 대한 일반 시민들의 인식은 조금씩 나아지는 반면 교회는 그저 퇴행하고 있는 것처럼 보일 때도 있다. 그러나 조·임 위원장은 보수 교계의 축제 방해도 어느 순간 꺾일 것이라고 본다. 성소수자를 정죄하고 공격하는 개신교인들의 행태는 개신교의 역사와 교리와는 상반된다는 것을 알기 때문이다.

"저는 기독교가 그럴 수밖에 없는 이유가 있을 것 같아요. 기독교인 숫자는 계속 줄어들고 점점 더 어려워지니까, 그 원인을 내부에서 찾지 않고 자꾸 다른 데로 돌려서 어려움을 극복하려고 하는 거 아닌가 그런 생각이 들거든요. 시대에 맞게 교회도 변화해야 하는데, 오히려 시대를 역행하다 보니까 교회는 더 어려워지고 있는 거죠. 교회 내부의 문제 때문에 받는 비난이나 책임을 면하기 위해서 성소수자나 퀴어문화축제를 적으로 만든다면, 이게 계속 악순환이 되면서 교회는 점점 더 쪼그라들 거라고 생각해요. 저같이 교회를 떠나는 사람들은 더 많아질 거고요.

하지만 사회는 계속 변화하면서 전진할 수밖에 없어요. 성소수자들을 바라보는 시선도 마찬가지고요. 그러다 보면 언젠가는, 앞으로 십 년이 될지 몇 년이 될지 모르겠지만, 사람들로부터 외면당한 교회가 원하든 원치 않든 자기를 성찰하고 돌아볼 기회가 올 거라고 생각해요." [임신규]

"예수님으로부터 시작하는 기독교의 역사는 사실 소수자의 역사이기도 하잖아요. 현재 사회에서 성소수자가 처한 위치나 차별은 기독교의 역사와 비슷한 면이 굉장히 많아요. 그런데도 개신교인들이 성소수자를 차별하는 데는 다른 이유가 있다고 생각해요. 오늘날 신앙으로만 교인들을 결집하기는 너무 어렵잖아요. '이런 건 잘못된 거예요'라면서 교인들을 하나로 모을 수 있는 대표적인 게 성소수자가 된 것 같아요. 하지만 기독교의 역사와 교리는 변하지 않는 진리이니까, 교회에 계신 분들도 그 진리를 깨닫는 순간이 오게 될 것 같아요. 저희가 포기만 안 하면 되는 것 같긴 해요. 이건 지역에서 퀴어문화축제를 준비하는 분들이 다 똑같은 마음이지 않을까 생각해요." [조서울]

퀴어문화축제는 이미 안전하다

인천퀴어문화축제는 2023년 6회째를 맞는다. 제1회 축제 당시 유례없는 혐오 세력의 폭력 범죄를 겪었지만, 이 일은 오히려 성소수자를 향한 차별과 혐오가 얼마나 극심한지 알리는 도화선이 됐다. 지역 시민사회 단체도 힘을 보태기 시작했다. 현재 인천퀴어문화축제조직위원회에는 성소수자 인권 활동가뿐만 아니라 다양한 시민사회 단체 활동가가 참여하고 있다. 임신규 위원장은 쉽지 않은 상황 속에서도 이러한 연대 덕분에 축제를 계속 꾸려 올 수 있었다고 말한다.

"저랑 함께 공동집행위원장을 맡고 있는 인천장애인차별철폐연대 장종인 국장님이 계시는데요. 이분은 장애 운동 활동가이시거든요. 1회 축제 때 참가자로 그 현장에 계셨대요. 자기는 장애 운동을 하면서 장애인이 가장 차별받는 존재라고 생각했는데, 그날 받은 충격이 너무 컸다고 하시더라고요. '장애인이 받는 차별만큼, 어쩌면 그 이상으로 성소수자들이 차별받고 있구나'라는 생각이 드셨대요. 그래서 자기가 할 수 있는 것이 있다면 해야겠다는 마음으로 그 이후부터 계속 퀴어문화축제에 함께해 주시고 있어요. 그런 게 연대라고 생각해요."

축제 참가자들의 안전은 여전히 중요한 화두다. 하지만 임신규 위원장은 왜 퀴어문화축제를 열 때 유독 안전을 고민해야 하느냐고 되묻는다. 퀴어문화축제를 안전하지 않게 만드는 이들은 혐오 세력이지, 참가자들이 아니기 때문이다. 인천퀴어문화축제조직위원회는 자기가 가진 정체성이나 사회적 소수자성을 이유로 차별받지 않고, 누구나 다 같이 즐길 수 있다는 의미에서 '안전한' 축제를 만들기 위해 노력하고 있다. 한편, 참가자들의 안전을 보호해야 할 책임은 행정청에도 있다. 조서울 위원장은 다른 집회나 축제에 적용되는 법률이 퀴어문화축제에도 당연하게 적용되기를 바란다.

"집회 참가자가 집회 신고를 하고, 법에 따라 보호받고. 행사나 축제를 하려는 사람들이 공공 공간을 얻기 위해서 대관 신청을 하고, 조례에 따라 허가받고. 너무 당연한 거잖아요. 그게 제일 필요해요. 일단 지금은 그것부터 안 되니까. 퀴어문화축제 개최 절차가 행정청에서 잘 처리되는 게 안전한 축제를 열기 위한 제일 기본 요소인 것 같아요."

07.
협오 세력의 주장은 와닿지 않는다

누구도 배제하지 않는 마을 축제 만드는
춘천퀴어문화축제

2023년 5월 14일 춘천 의암공원에서 열린 제3회 춘천퀴어문화축제. ©뉴스앤조이

"삐이익!"

호각 소리와 함께 줄다리기가 시작됐다.

"하나, 둘! 하나, 둘!"

"영차! 영차!"

양쪽에서 밧줄을 잡은 사람들은 서로 있는 힘껏 잡아당겼다. 밧줄을 잡아끌다 못해 드러눕는 참가자들의 얼굴은 한껏 구겨졌다. 팽팽하던 균형은 시간이 지나며 한쪽으로 기울기 시작했다.

"삐이이이익!"

흙먼지 사이로 길게 울리는 호각 소리에 사람들은 함성을 질렀다.

"와아아!"

참가자들은 이른 더위에 구슬땀을 흘리며 서로를 보고 웃었다.

2023년 5월 14일 춘천 의암공원에서 열린 제3회 춘천퀴어문화축제는 '소양강 퀴어 운동회'로 진행됐다. 참가자들은 춘천퀴어문화축제조직위원회가 준비한 제기차기, 신발 양궁, 무궁화 꽃이 피었습니다, 줄다리기, 경보 계주, 박 터뜨리기 등을 하며 즐거운 시간을 보냈다. 성별과 나이, 국적을 가리지 않고 모든 참가자가 함께 놀 수 있는 축제였다. 인권 단체와 정당 등이 참여한 부스에도 구경거리가 넘쳤다. '달고나'를 준비한 정의당 춘천시위원회 부스는 축제 내내 사람들로 붐볐다.

모두가 즐거웠던 줄다리기 시간, 축제장에서 20미터 정도 떨어진 좁은 통로에서는 긴장감이 돌았다. 통로 반대편 인라인스케이트장에 반동성애 개신교인 20여 명이 피켓을 들고 서 있었다. 피켓에는 선정적인 사진이 대문짝만하게 프린트돼 있었고, 온갖 자극적인 문구가 즐비했다. 이 모습을 보고 인라인스케이트장을 이용하던 한 시민이 "아이들도 많은데 이게 뭐냐"고 항의하기도 했다. 이날 반동성애 개신교인들은 퀴어문화축제가 '음란 축제'라며 아이들에게 유해하다고 강조했는데, 정작 시민들의 눈살을 찌푸리게 한 것은 이들이었다.

반동성애 개신교인들이 기자회견 장소를 정하는 과정에서 축제 참가자들과 몇 번 고성이 오가기도 했다. 이들은 퀴어문화축제에 연대·참석하는 전국민주노동조합총연맹(민주노총)과 진보당·정의당 등을 들먹이며 "퀴어 행사는 이들의 야유회 같은 것"이라는 터무니없는 말들을 내뱉었다. 하지만 춘천퀴어문화축제조직위원들과 연대자들이 통로를 막고 서서 이들의 기자회견은 축제에 전혀 영향을 미치지 못했다. 춘천퀴어문화축제조직위원 연두(활동명)는 혐오 세력의 기자회견을 등지고 서서 줄다리기에 한창인 축제장을 바라봤다.

"사실 그 사람들의 반대 의견은 저한테 그렇게 와닿지 않아요. 왜냐하면 사실과 너무 많이 다르고, 그분들이 예시라면서 가져오는 퀴어문화축제 사진들만 봐도, 제가 축제를 돌아다니면서 한 번도 보지 못한 모습들이거든요. 정말 말도 안 되는 사진들을 들고 와서 저희한테 '음란 축제니 물러가라'고 하는 건 이해가 되지 않죠. 그런 거 하나하나에 신경 썼다가는 아무것도 못 해요."

발전 없는 혐오 세력

춘천퀴어문화축제는 2021년 시작됐다. 춘천에 살던 시민단체 활동가, 학생, 직장인 등 다양한 직업과 배경을 가진 네 사람이 어울려 이야기하다가 우연찮게 모두 퀴어문화축제에 대한 마음이 있다는 것을 확인하게 됐다. 이들은 춘천이 누구도 차별받지 않는 도시, 인권이 존중되고 실현되는 도시가 됐으면 좋겠다는 생각으로 그해 2월부터 퀴어문화축제를 준비했다. 제1회 춘천퀴어문화축제는 11월 20일 소양강 처녀상 앞에서 열렸다. 200여 명이 참석해 춘천에서 열린 첫 퀴어문화축제를 축하하고 시내를 행진했다.

춘천에서 퀴어문화축제가 열린다는 소식을 들은 보수 개신교계는 이날 소양강 처녀상 건너편에서 '제1회 춘천 생명·가정·효 대행진'이라는 맞불 집회를 열었다. 100여 명이 모여 퀴어문화축제, 차별금지법, 성소수자에 대한 왜곡되고 과장된 주장을 쏟아 냈다. 퀴어퍼레이드 때는 한 사람이 행렬 앞으로 뛰어들기도 했다. 그러나 경찰의 발빠른 대처로 행진이 방해받지는 않았다.

연두는 제1회 춘천퀴어문화축제에 자원봉사자로 참여했다. 그가 청소년기를 보낸 대안 학교에서는 학생들이 페미니즘이나 퀴어 이슈에 관심이 많았다. 연두는 퀴어 당사자성을 느끼고 있었기에 퀴어문화축제에 한번 참여해 보고 싶었다. 하지만 학교에 다니면서는 축제에 참가하는 것이 물리적으로 불가능했다. 2021년 대학을 춘천으로 오게 됐고, 마침 그해 퀴어문화축제가 열린다는 소식을 듣고 뭐라도 도움이 되고 싶어서 자원봉사를 신청한 것이다.

살면서 기독교와 별다른 접점이 없었던 연두는 크리스천들이 퀴어문화축제를 반대하는 모습을 그때 처음 봤다. 사실이 아닌 내용을 근거로 저렇게 모여서 간절하게 (?) 성소수자를 반대하는 그들을 보고 있자니, 개신교에 대한 거부감이 들지 않을 수 없었다.

"반대 집회에서 활동하는 분 중에 되게 유명한 분이 있대요. 축제를 시작하기 전에 자원봉사자들끼리 밥 먹고 좀 쉬고 있는데, 갑자기 그분이 와서 인사를 하는 거예요. 조직위원들도 다들 '안녕하세요' 인사를 하길래 저는 유명한 인권 활동가이신가 보다 했어요. 근데 반대쪽에서 유명한 분이더라고요.(웃음)

그분이 축제 시작하고 얼마 되지 않아 이쪽으로 넘어와서 무릎을 꿇고 큰 소리로 기도를 하셨어요. 당시 저희 축제 장소인 소양강 처녀상 쪽과 건너편에 경찰들이 펜스를 친 상태였어요. 원래는 넘어올 수가 없어야 하는데, 그 펜스를 넘어서 온 거죠. 경찰이 끌고 나가려니까 막 '못 가겠다' 하면서 펜스를 잡고 늘어지고 그랬어요."

한 악명 높은 반동성애 유튜브 채널 운영자는 전국

에서 열리는 퀴어문화축제에 매번 나타난다. 그는 반대 집회를 실시간 중계하는 것에 그치지 않고, 멀리서 카메라를 확대해 퀴어문화축제 참가자들을 도촬한다. 지역 구성원이 크게 변하지 않고 한 다리 건너면 모두 연결돼 있는 소도시에서 성소수자들의 아웃팅은 더욱 위험하다. 혐오 세력의 불법 촬영은 퀴어문화축제 참가자들에게 직접적인 위협이 된다.

> "제일 먼저 든 감정은 '화가 난다'였어요. '왜 우리를 있는 그대로 봐 주지 못하는 걸까' 하는 의구심도 많이 들었어요. 안타깝기도 했죠. 더 다양한 세상이 있는데 그걸 애써 모른 척하는 것 같다는 생각이 계속 드니까…."

춘천퀴어문화축제조직위원 마이농(활동명)은 제2회 춘천퀴어문화축제에 참가했다가 조직위원으로 합류하게 됐다. 그는 자신이 성소수자라는 사실을 사춘기가 되면서 깨달았다. 중학생 때 퀴어문화축제가 있다는 사실을 알게 됐고, 고등학생 때는 서울퀴어문화축제에 가 보기도 했다. 주변 사람들에게 성소수자임을 알리는 '오픈 퀴어'로 사는 마이농은, 고등학생 때부터 퀴어 관련 활동을 했고 춘천에 있는 대학에 입학해서는 성소수자 동아리를 만들었다.

　중·고등학교 시절 미션스쿨을 다녔던 마이농은 보수 개신교계가 성소수자 혐오에 앞장서고 있다는 사실을 알고 있었다. 서울퀴어문화축제에 참가했을 때도 혐오 세력이 서울시청광장을 둘러싼 상태였고, 반동성애 개신교인들의 폭력이 난무했던 제1회 인천퀴어문화축제 때도 그 자리에 있었다. 제2회 춘천퀴어문화축제 때는 반동성애 개신교인 스무 명 정도가 기자회견을 하며 혐오 발언을 일삼았다.

　"혐오 세력을 처음 봤을 때는 '이렇게까지 해야 돼?'라는 생각이 들어서 화가 많이 났어요. 근데 퀴어퍼레이드를 몇 번 참여하다 보니까 이제 뭔가 없으면 서운해요.(웃음) 나름의 내적 친밀감이 생겨서. 저희보다 저희 축제에 더 열심히 와 주시잖아요. 아예 생각이 없으면 안 올 텐데, 대체 얼마나 우리를 사랑하면 매번 와 주고 행진도 같이 해 주고 이러나, 이렇게 생각이 좀 바뀌었어요.(웃음)

　대수롭지 않게 생각해야 할 것 같더라고요. 저 사람들이 하는 말 하나하나에 관심 갖고 신경 쓰고 스트레스를 받다 보면 제가 너무 힘들어지는 거예요. 어차피 그 사람들의 레퍼토리는 똑같거든요. '음란 축제 물러가라', '동성애는 정신병이고 에이즈를 옮긴다'. 아직도 20~30년 전에 멈춰 있는 거죠. 동성애는 정신병 목록에서 사라진 지도 한참 됐고, 에이즈는 항문 성교를 통해서만 감염되는 것도 아니고, 성소수자는 동성애자만 있는 것도 아닌데. 제가 섹슈얼리티와 로맨틱 지향을 말하면 알아듣지도 못할 거면서. 저분들은 우리랑 몇십 년을 함께했으면서 아직도 발전을 못 했나, 차라리 이렇게 생각하려고 해요."

연두와 마이농은 퀴어문화축제에 참가하고 또 축제를 준비하는 입장에서 매번 반동성애 개신교인들과 맞닥뜨렸다. '안타깝다'고 생각하며 넘기려 해도 현장에서는 항상 긴장을 늦출 수 없는 것이 사실이다. 굳이 남의 잔치까지 와서 재를 뿌리는 개신교인들의 행태에 교회 자체가 싫어질 만도 하지만, 두 사람 모두 의식적으로 그렇게까지 생각하지는 않으려 한다.

"반대 세력에 대해 알아 가면서, 솔직히 말하면 개신교 자체에 거부감이 많이 들었죠. 근데 오히려 퀴어퍼레이드 활동을 같이 하는 분들 중에서도 크리스천이 꽤 계시거든요. 그리고 이번 3회 축제 때 대한성공회 춘천나눔의집에서 연대 단체로 참여하면서 도움도 많이 주시고 축복식도 해 주셨어요. 그런 걸 보면서 '세상에는 역시 다양한 사람이 있구나'라는 생각으로 넘어왔어요. 어떤 단체에 속해 있더라도 그 안에서 다른 생각을 하는 사람은 있는 거니까. 저 스스로도 편협하게 생각하지 않으려고 계속 노력 중이긴 합니다." [연두]

"제가 미션스쿨을 다녔을 때는 '기독교 정말 다 뜯어고쳐야 해' 이런 마음이 있었는데…. 제 주위 친구들 중에도 기독교인이 많고, 성소수자 당사자이면서 기독교인인 사람들도 있고 그런 걸 많이 보다 보니까, 기독교 자체를 싫다고 하는 거는 또 다른 혐오라는 생각이 들었어요. 그냥 저분들은 뭔가 아직 덜 깨어 계시구나, 그렇게 생각하기로 했어요." [마이농]

무엇이 선정적인가

"이거 다 불법이잖아. 여러분, 이거 다 불법입니다!"

반대 기자회견 사회를 본 사람은 제3회 춘천퀴어문화축제가 '불법'이라고 목소리를 높였다. 그가 이렇게 주장하는 이유는 춘천시청이 퀴어문화축제 장소인 의암공원 사용을 허가하지 않았기 때문이다. 경찰에 집회 신고를 해 놨기 때문에 모임을 할 수 있는 요건은 갖췄지만, 시청의 비협조로 끝내 장소 사용 허가를 받지는 못했다. 이처럼 지자체의 장소 사용 불허는 혐오 세력이 퀴어문화축제를 불법으로 규정하고 반대·방해하는 데 빌미를 제공한다.

춘천퀴어문화축제조직위원회는 제2회와 제3회 퀴어문화축제를 의암공원에서 열었다. 의암공원 내에서도 나무 무대가 있는 곳인데, 공원 자체는 춘천시청 녹지공원과가, 나무 무대는 여성가족과가 담당이다. 2022년 2회 때는 녹지공원과의 허가는 받았지만 여성가족과의 허가는 받지 못했다. 2023년 3회 때는 녹지공원과와 여성가족과가 모두 사용을 불허했다. '물품 판매 행위', '다수의 민원', '공공 목적상 사용 부적당' 등이 이유였다. 춘천퀴어문화축제조직위원회는 4월 12일 기자회견을 열어, 퀴어문화축제 장소 사용 불허는 춘천시청의 성소수자 차별 행정이라고 규탄했다. 연두는 시청 관계자와의 면담을 떠올리며 말했다.

"관공서와 면담을 하면 진짜 많이 듣는 얘기가 이거예요. '퀴어문화축제는 선정적이니 개최하지 못하게 하라'는 민원이 계속 들어온다는 거죠. 저는 선정적이라는 기준이 애매 모호한 것이라고 얘기했어요. (혐오 세력이) 애초에 퀴어문 화축제를 폐지시키려고 드는 갖가지 이유 중 하나라고 생 각해요."

'퀴어문화축제는 선정적'이라는 말은 왜 나오는 것일 까. 어디가 '음란'하다는 걸까. 마이농은 많이 고민했다. 그러면서 2019년 8월 열렸던 제2회 인천퀴어문화축제 때 를 떠올렸다. 그때 민소매 상의를 입고 행진을 했던 경험 은 그에게 특별하게 남아 있다. '내 몸이니 내 맘대로 할 거야'라고 말하던 그였지만, 한국 사회에서 '정상'이라고 여기는 '마른 몸'이 아닌 그는 늘 마음 한편에 스트레스와 고민을 갖고 살았다. 퀴어문화축제에서는 민소매만 입어 도 아무도 그의 몸과 옷차림에 신경을 쓰지 않았다.

"그때 엄청 편안함을 느꼈거든요. 퀴어퍼레이드에서는 내 가 어떤 옷을 입고 어떻게 행동해도 나를 이상하게 보지 않 을 거라는 편안함이 있어요. 그래서 다들 날씨에 맞춰서 편 안하게 의상을 입다 보니까 자연스럽게 노출이 많아질 수 밖에 없는 거예요. 그걸 보고 음란하다고 하는 건…. 먼저 일상에서의 편견 어린 시선을 없애야 하는 게 맞지 않나 하는 생각이 들어요. 제1회 춘천퀴어문화축제는 11월에 열렸는데, 그때는 추우니까 자연스럽게 노출이 줄었잖아요."

물론 공무원들이 반동성애 개신교인들의 말에 모두 동조하는 건 아닐 것이다. 하지만 반동성애 주장에 경도되지 않았더라도, 딱히 동성애를 반대하지 않더라도, 성소수자들이 굳이 공공장소에 나와서 축제까지 할 필요가 있느냐고 생각하는 사람이 많다. '안 보이는 데서 자기들끼리' 하면 되는 것 아니냐고 말한다. 이는 '동성애 반대하지 않지. 그런데 내 주변에는 없었으면 좋겠어'라는 말과 일맥상통한다. 연두는 이런 인식이야말로 소수자가 차별을 당하고 있다는 사실을 보여 준다고 했다.

"그런 말을 하는 사람들은, 그런 말을 할 수 있는 것 자체가 권력이라는 걸 느끼지 못하고 있는 것 같아요. '내 눈앞에 띄지 않았으면 좋겠다'라는 건 이미 우리가 소수임을 표명해 주는 말이라고 생각해요. 그것부터 인식하지 못한다면 우리를 더 이상 이해할 수 없겠구나 하는 생각이 들어요. 우리는 우리를 표현할 수 있는 얼마 되지 않은 날 중에서 하루만 표현한 것인데도, 단지 '눈에 보여서 불편하다'는 이유로, 아니면 '거슬린다'는 이유로 그런 말을 할 수 있다는 것

자체가 안타깝고 화가 나고 그렇습니다."

혐오 세력의 방해, 이와 연결돼 있는 지자체의 비협조, 그리고 '반대하지는 않지만 내 주변에는 없었으면 좋겠다'는 시민들의 의식. 이 모든 것을 뚫고 춘천퀴어문화축제는 3년을 달려왔다. 그리고 계속될 것이다. 마이농은 유쾌하게 말했다.

"아무래도 저희가 '성소수자'라는 이름으로 불리다 보니까, 진짜 소수인 줄 알아요.(웃음) 저처럼 오픈하는 사람이 눈에 띄지 않을 뿐이지, 본인의 정체성에 대해 고민하고 있는 사람은 많을 거란 말이죠. 그래서 '우리는 진짜 많이 있다', '주위에 티가 나지 않아도 많이 있다'는 걸 보여 주기 위해 퀴어문화축제는 앞으로도 계속돼야 한다고 생각해요.

제가 다니는 대학교에 원래 퀴어 동아리가 없었는데 제가 만들었거든요. 물론 중앙 동아리도 아니고 그냥 소모임 정도이지만, 그래도 학교 내에 이런 성소수자 인권을 다루는 동아리나 모임이 있다는 사실만으로도 누군가는 안정감을 느낄 거예요. 마찬가지로 퀴어문화축제에 참여하지 않는, 벽장 안에 있는 퀴어들을 위해서라도 축제는 계속돼야 한다고 생각해요. 그래야 그들이 언젠가는 벽장 밖으로 나와서 자기를 당당하게 이야기할 수 있을 것 같아요."

축제는 계속돼야 한다

혐오 세력과의 싸움터처럼 보이지만, 퀴어문화축제
는 말 그대로 축제다. 반동성애 개신교인들의 기자회견이
있건 말건, 참가자들은 줄다리기를 했다. OX 퀴즈를 하
고, 드래그 퀸 공연도 보고, 부스를 구경하고, 더위에 지
치면 잔디밭에 앉아 쉬었다. 신나는 음악을 들으며 시내
를 행진하고 구호를 외쳤다. "춘천을 퀴어하게! 소양강 퀴
어!" 마이농은 여러 지역 퀴어문화축제에 가 봤고, 어떤
곳은 정말 투쟁의 장이기도 했지만, 퀴어문화축제는 그
저 "기깔나게" 놀러 가는 곳이라고 말한다.

"퍼레이드, 축제잖아요. 그냥 오늘은 마음 편하게 놀자, 이
런 마음이 제일 커요. 축제장에는 소수자성을 가진 당사자
와 그들을 지지하는 사람밖에 없잖아요. 그러니까 누구와
대화하더라도 안전하다는 게 가장 좋아요. 평소에는 주위
에 커밍아웃 한 사람을 많이 볼 수 없다 보니까 어떤 이야기
를 나누더라도 뭔가 은근한 불편함을 항상 가지고 있거든

요. 근데 여기서는 누구와 어떻게 만나서 이야기를 하든, 내가 어떤 이야기를 하든 편안하게 즐길 수 있어서, 그냥 오늘 하루는 기깔나게 놀아 보자, 이런 마음으로 갑니다.(웃음)"

지방 소도시 축제를 만든다는 자부심도 있다. 강원도가 고향인 연두는 어렸을 적부터 강원도가 영동과 영서로 명확하게 나뉘어 하나가 되지 않는 곳이라고 느꼈다. 원체 보수적인 동네이기도 하다. 춘천퀴어문화축제는 강원도 지역 인권운동의 새로운 가능성이 되고 있다. 도내 여러 단체가 '소양강퀴어연대회의'라는 이름으로 함께한다.

"퀴어문화축제는 강원도에서 하나의 구심점이 되어 주는 것 같아요. 성소수자 인권만을 말하는 게 아니라, 노동자·장애인·여성·청소년, 나아가 환경문제까지 모두 아우를 수 있는 축제예요. 지금 춘천퀴어문화축제를 같이 준비하는 소양강퀴어연대회의 참여 단체들도 다 그런 마음이거든요. 퀴어문화축제는 인권 단체들이 좀 더 잘 연대할 수 있게 만들어 주고, 지역 내 성소수자들과 다른 소수자들의 인권 축제가 되어 주는, 그리고 내가 다시 이 세상을 살아갈 수 있게 하는 발판이 되어 주는 공간이라고 생각해요."

연두의 말처럼 퀴어문화축제는 성격상 성소수자뿐 아니라 모두를 위한 인권운동의 장이 될 수밖에 없다. 아무도 차별·배제하지 않는 것을 목표로 하기 때문이다. '소양강 퀴어 운동회'도 그랬다. 각종 프로그램에서 누구도 배제되지 않도록 신경 쓴 흔적이 보였다. 성별과 나이, 국적과 가족 구성 등을 가리지 않고 모두가 즐길 수 있는 마을 축제가 얼마나 될까? 그러나 지자체의 비협조와 혐오 세력의 방해는 춘천퀴어문화축제에 큰 위협이다. 마이농은 안전한 퀴어문화축제가 되기 위해서 이 두 가지가 해결돼야 한다고 말한다.

"아무래도 공공기관의 협조가 제일 필요하지 않을까요? 이번처럼 장소 사용을 불허하지 않고 당당하게 쓸 수 있게 해주는 게 가장 중요한 것 같아요. 그리고 축제 당일, 아까 제가 기독교 혐오 세력이 없으면 좀 허전할 정도라고 말하긴 했지만… 사실 없었으면 좋겠거든요. 혐오 세력이 없어져야 안전한 축제를 만들 수 있을 것 같아요."

08.
성소수자는 당신 주변에 분명히 있다

광주·전남 교계 극렬한 방해 겪었던
광주퀴어문화축제

2018년 10월 21일 열린 제1회 광주퀴어문화축제. ©광주퀴어문화축제조직위원회

300, 1500, 2800, 8000.

'광주인권지기 활짝' 활동가 서유(활동명)는 2018년 10월 21일 열린 제1회 광주퀴어문화축제를 숫자로 설명했다. 광주에서 처음 열리는 퀴어문화축제였기에 조직위원회는 300명 정도만 와도 정말 좋겠다고 생각했다. 그런데 축제 당일 예상 인원의 다섯 배가 넘는 1,500명이 모였다. 감격스러운 일이었다.

당시 축제가 열린 5·18민주광장에는 2,800명의 경찰이 배치됐다. 광주 시내에 있는 경찰로는 부족해서 전국에서 지원을 왔다. 300명 집회 신고를 했고 많이 왔어도 1,500명인데, 왜 이렇게 많은 경찰이 필요했던 걸까. 퀴어문화축제 참가자들 때문에 그런 것이 아니었다. 바로 보수 교회들이 퀴어문화축제를 반대하기 위해 8,000여명을 동원했기 때문이었다. 광주는 물론 목포·여수·순천·광양 등 전남 지역 교회들이 오후 예배도 마다한 채, 버스를 타고 퀴어문화축제를 방해하러 왔다.

"1회라서 더 그랬는지 모르겠어요. (혐오 세력은) '한번 시작되면 안 된다' 이런 생각을 했던 것 같아요."

무법천지였다. 반동성애 개신교인들은 스피커가 찢어져라 혐오 발언을 해 대며 소음 공해를 일으킨 것은 물론, 축제장에 돌과 계란, 쓰레기를 던지고 축제 참가자들에게 욕설과 저주를 쏟아부었다. 접근을 차단하는 경찰들 사이로 손을 뻗어 참가자들의 팔을 잡아끌고 머리채를 잡았다. 행진 트럭 앞을 가로막고 차량의 와이퍼를 뜯어 버렸다. 몇몇은 핸드폰으로 유튜브 라이브를 하고, 연예인을 찍을 법한 대포 같은 망원렌즈로 참가자들을 불법 촬영했다. 경찰이 곳곳에서 막은 것이 이 정도였다.

서유에게는 눈앞에 펼쳐지는 광경이 비현실적으로 다가왔다. 혐오 세력은 축제를 들쑤셔 놓고 있었다. 화가 났다. 저들의 아우성은 나의 존재를 없애는 말이었다. 성소수자들을 지우고, 존재를 드러내는 것 자체를, 광장에 나오는 것 자체를 용납하지 않겠다는 메시지였다. '눈에 띄지 마라', '이 세상에서 보이지 않게 해라', 끊임없이 비가시화하라는 요구였다.

무엇보다, 너무 시끄러웠다. 귀가 떨어져 나갈 것 같은 소음을 서너 시간 듣고 있자니 정신을 차리기가 힘들었다. 서유 자신은 조직위원이기 때문에 어떻게든 견뎌 내겠지만, 마음이 약한 참가자들에게는 긴급한 상담이 필요할 정도였다.

"찍지 마!"

퀴어퍼레이드 중 날카로운 소리가 들려왔다. 불법 촬영을 일삼는 혐오 세력에게 누군가 크게 소리를 지른 것이다. 이 말은 이내 행진 참가자들의 구호가 됐다. "찍지 마! 찍지 마!" 참가자들이 연호하자 경찰들이 카메라를 든 사람들을 적극적으로 제지하기 시작했다.

소리를 지른 사람은 깨비(예명)였다. 그는 그냥 성소수자 친구를 따라 퀴어문화축제에 놀러 온 사람이었다. 친구가 혼자 가기 무섭다고 해서 같이 왔는데, 이런 일이 벌어질 줄은 상상도 하지 못했다. 그제야 친구가 '축제'를 가는데 왜 무서워했는지 이해할 수 있었다. 현장은 심각했다. 말도 안 되는 불법 촬영을 당하고 있자니 본능적으로 찍지 말라는 소리가 나온 것이다.

"막 유튜브 라이브를 하고 카메라로 사진을 찍으면서 '너네 얼굴 다 찍혔다. 인터넷에 올리겠다', '네가 다니는 학교를 알아내서 학교에 뿌리겠다', '너희 부모님에게 보내겠다'고 소리를 지르더라고요. 그들이 던지는 쓰레기에 맞기도 했고요. 경찰이 제지해도 막무가내였어요. 오히려 경찰 멱살을 잡고 소리를 치더라니까요. 상식적인 사람들이라면 그러지 않잖아요. 그런데 퀴어문화축제에서는 그래도 된다고 생각하는 거 같았어요." [깨비]

"퍼레이드에서 찍지 말라고 하는 게 정말 강력한 요구이기도 하거든요. 아웃팅을 하지 말라는 요구잖아요. 자기 신변을 위협하는 사람들에게 저항하는 멘트인데. 물론 퀴어 당사자가 하는 것도 의미가 깊지만, 비퀴어가 이 상황에 분노하고 연대하면서 화를 내 줬다는 게 저에게는 굉장히 의미가 있었어요." [서유]

"그때는 코로나19가 터지기 전인데도 참가자들이 마스크를 많이 쓰고 왔어요. 저는 아무것도 모르고 그냥 맨 얼굴이었죠. 사람들이 저한테 되게 용감하다고 하더라고요. 근데 그런 게 아니었어요. 몰랐기도 했지만 제가 그렇게 마스크를 벗을 수 있다고 생각했던 이유는, 저는 혐오 세력에게 핍박받는 사람이 아니었기 때문인 것 같아요." [깨비]

기독교의 정신은 사랑과 포용일 텐데

제1회 광주퀴어문화축제는 반동성애 개신교인들의 방해 속에서 진행됐다. 이들은 퀴어문화축제 장소 인근에서 맞불 집회를 열었다. 집회 도중 퀴어퍼레이드가 시작되자 이들은 행진 경로로 우르르 몰려갔다. 경찰의 제지에도 길바닥에 드러눕고 참가자들에게 혐오 발언을 내뱉었다. 퀴어퍼레이드는 200미터도 가지 못하고 경로를 바꿔야 했다. 혐오 세력은 퍼레이드 이후에도 퀴어문화축제 장소를 둘러싸고 참가자들을 비난·위협했다.

2019년 10월 26일 제2회 광주퀴어문화축제는 금남로4가 일대에서 열렸다. 이때도 1회 때 못지않게 혐오 세력이 몰렸다. 이들은 똑같이 인근에서 반대 집회를 열고, 집회가 끝난 후에는 퀴어문화축제가 열리는 장소에 접근할 수 있는 만큼 최대한 접근해서 욕설을 퍼붓고 쓰레기를 던졌다. "너희는 죄악을 저지르고 있는 것이다", "지옥에 떨어질 것이다"라는 유의 저주성 발언들을 오가는 사람들에게 계속해서 쏟아부었다. 불법 촬영도 여전했다. 그나마 경찰이 잘 막아 줘서 다행이었다. 서유는 만약 경찰이 잘 협조해 주지 않았다면, 제1회 인천퀴어문화축제 때처럼 축제가 제대로 열리지 못했을 거라고 생각했다.

그만큼 반동성애 개신교인들은 집요했고 악랄했다.

"물론 개신교 전체가 그렇지 않다는 건 알고 있어요. 근데 체감상… 99퍼센트라고 하기에는 좀 그렇고, 80퍼센트 이상은 같은 생각을 하시는 것 같더라고요. 이런 경험을 하고 나니까, 낯선 사람들과 만날 때 어떤 분이 기독교 신자라고 하면 '말을 좀 아껴야 할 수도 있겠다'는 생각을 어쩔 수 없이 하게 돼요."

성소수자가 아닌 깨비는 1회 때 상상하지 못했던 일을 당하고도 2회 광주퀴어문화축제에 참여했다. 이번에도 성소수자 친구와 같이 갔다. 또 위협적인 일이 벌어질 거라는 두려움도 있었지만, 그보다 분노가 컸다. 절대 그들이 원하는 대로 반응하고 싶지 않았다. 또 그런 일을 당할까 봐 퀴어문화축제에 가지 않는 것은 혐오 세력이 딱 원하는 반응이라고 생각했다. 그러면 그들은 더 득의양양할 것이다. '또 오겠거니' 각오하고 갔는데, 역시나 1회 때와 비슷한 일이 벌어졌다.

"제가 충격 먹은 일이 있어요. 이 사람들이 아이들까지 대동한 거예요. 한 예닐곱 살밖에 되지 않은 아이들이 '동성애는 죄악이다' 이러고 있더라고요. 자기가 말하는 게 무슨 의미인지도 모르면서 외치고 있는 거예요. 이렇게까지 할 일인가 싶었어요. 저도 부모님이 개신교인이라 어렸을 적에는 교회에 다녔거든요. 그때는 교회에서 뭐 동성애에 대한 것을 배운 적도 없었어요. 근데 지금은 이러고 있으니까… 누구를 탓해야 하나 싶어요.

처음에는 무서웠고, 다음에는 화가 났다가, 나중에는 안타깝다는 생각이 들었어요. 어떻게 보면 그들도 그냥 그렇게 배운 거잖아요. 아이들은 더 그렇고. 자신들은 그렇게 하는 게 맞다고 생각하는 거잖아요. 안타깝더라고요. 앞으로도 그렇게 생각할 테니까."

깨비와 서유 모두 현재 기독교인은 아니지만, 기독교의 정신이 사랑과 포용이라는 것은 안다. 그러나 퀴어문화축제 당일 반동성애 개신교인들에게서는 전혀 사랑과 포용을 느낄 수 없었다. 그렇다면 그들을 정말 기독교인이라고 할 수 있는 걸까. 서유는 재미난(?) 이야기가 생각났다. 광주에서 퀴어문화축제가 열리기 전 해인 2017년 '퀴어 라이브'라는 행사가 있었다. 작은 행사였고 50명 정도가 모였다. 그때도 소소하게 혐오 세력이 왔다.

"광주 사람들이 하는 말이 '광주는 기독교의 성지다'라는 것도 있지만 '광주는 신천지의 성지다'라는 것도 있거든요. 엄청 큰 신천지 건물이 광주에 있어요. 신천지 신도들은 맨날 흰색 상의에 검정색 바지를 입고 다녀서 딱 알거든요. '퀴어 라이브' 행사 때 그 사람들이 길 한쪽에 죽 서서 동성애 반대 피켓을 들더라고요. 근데 다른 쪽에서는 신천지가 아닌 개신교인들이 비슷한 피켓을 들고 서 있었어요. 개신교와 신천지가 '동성애 혐오'로 하나가 된 거죠."

맥락을 삭제한 '선정적'이라는 말

'5·18민주광장 팬티 축제 웬말이냐.' 반동성애 개신교인들의 피켓 문구였다. 실소와 불쾌함을 유발하는 이 문구는 역시나 퀴어문화축제가 선정적이라는 오해에서 비롯된다. 딱히 성소수자 인권운동을 하는 사람이 아닌 깨비의 눈에도, 반동성애 개신교인들의 혐오 메시지와 퀴어문화축제가 선정적이었다는 보수 교계 언론의 보도는 터무니없어 보였다.

"황당하죠. 직접 갔다 왔던 사람으로서. 그냥 다른 축제와 별다를 바 없어요. 저도 광주퀴어문화축제가 선정적이었다는 보도를 봤어요. 저도 똑같은 장소에 있다 왔는데 (기사 내용이) 맞는 게 없더라고요. 그때 축제 사진도 아닌 걸 가져다 만든 기사도 있었고. 한편으로는 '개신교인들이 이런 보도에만 노출되니까 성소수자를 혐오하는 생각이 강화할 수밖에 없겠구나' 하는 생각이 들었어요."

서유는 인권운동 활동가로서 언론과 인터뷰할 때마다 퀴어문화축제를 '노출', '음란', '문란', '선정적'이라는 키워드와 연관 지은 질문을 받았다. 그는 이런 질문 자체가 이상하다고 생각했다. '문란함', '선정적'이라는 것의 기준은 무엇일까. 그게 궁금해서 인터넷에 '퀴어축제 혐짤'이라고 검색해 보기도 했다. 그랬을 때 보이는 결과에서 그는 일정한 패턴을 발견했다.

"대부분은 남성으로 일컬어질 것 같은 분들이 여성이 입을 법한 옷을 입고 있는 사진들이 '혐짤'로 분류돼 있더라고요. 드래그 퀸이나 짧은 치마 혹은 망사 스타킹을 입었다거나 속눈썹을 길게 붙이는 화장을 했다거나. 그런데 이런 모습이 정말 선정적인가요? 이분들에게는 그것이 자기를 표현하기 위한 방식 중 하나인 거예요. 그리고 퀴어문화축제 당일 그렇게 입는 것은 축제를 즐기는 하나의 퍼포먼스이기도 한 거죠. 단순히 성별 이분법에 따르지 않았기 때문에 보기 역겹고 선정적이라고 하는 건 문제가 있다고 생각해요.

이런 경우도 있어요. 광주에서는 본 적이 없지만 서울퀴어문화축제 때 어떤 여성분이 상의를 탈의하고 계셨어요. 그분은 남성들만 상의를 탈의하는 게 용인되는 사회에서 여성에게도 상체를 드러낼 수 있는 권리를 달라고 하는 일종의 인권운동가였어요. 자기 몸매를 자랑하려고, 무슨 당장 성적인 행위를 하기 위해서 그런 게 아니라는 말이죠. 이런 이유를 이해하지 않고 맥락을 삭제한 채로 이야기하니까 선정적이고 문란하다고 하는 거예요."

또 한 가지, 혐오 세력이 퀴어문화축제를 폄훼할 때마다 언급하는 것은 '성인 용품 전시 및 배부'다. 모든 축제에서 그런 것은 아니지만 간혹 안전한 성생활을 위해 콘돔을 나눠 주는 부스가 있기도 하다. 반동성애 개신교인들은 "어떻게 청소년에게 콘돔을 나눠 줄 수 있느냐"고 민원을 제기한다. 이는 지방자치단체가 퀴어문화축제 장소를 내주지 않는 사유 중 하나가 되기도 한다. 그러나 한국에서 청소년이 일반형 콘돔을 구입하는 것은 법적으로도 문제가 되지 않는다.

"청소년들이 성적인 행위들을 하지 못하도록 법적으로 규제가 돼 있는 것도 아니고, 그분들도 연애 라이프를 즐길 수 있는 권리가 있어요. 몇 년 전에 청소년들이 콘돔을 구하지 못해서 비닐을 감아서 한다는 뉴스가 나왔어요. 청소년들도 자신의 안전을 지킬 권리가 있다는 것을 알리는 게 대한민국에 성교육이 필요한 이유라고 생각해요. 단순히 음란한 것이라고, 정숙하지 않다고, 더러운 것이라고, 감추고 덮기만 하는 게 오히려 문제죠. 퀴어문화축제는 다양한 인권을 이야기하는 공간이기 때문에, 청소년의 인권에 대해서도 이야기할 수 있는 거예요."

차별을 차별이라 말할 수 있도록

광주는 코로나19가 터진 2020년에는 퀴어문화축제가 열리지 않았다. 2021년 제3회 퀴어문화축제는 영화제 형식으로 진행했다. 2022년에는 11월 21~26일 축제 대신 '퀴어문화주간'이라는 새로운 형식을 시도했다. 퀴어문화주간 선포식을 시작으로 토론회와 퀴어 영화 상영회, 디제잉 파티 등을 했다. 혐오 세력은 선포식 때 수십 명 정도가 차별금지법 반대 팸플릿을 나눠 주는 정도에 그쳤다. 극렬했던 1, 2회 축제 때에 비하면 혐오 세력의 준동은 소소(?)했다. 주최 측은, 광장을 빌릴 필요가 없었고 1~2주 전 공지했기 때문이라고 생각한다. 코로나19 시대가 끝나 가는 지금, 다시 축제를 연다면 어떻게 될까.

"100퍼센트, 아니 200퍼센트, 또 몰려올 거라고 생각해요. 대개 축제는 날짜와 장소가 정해지면 홍보하기 시작하잖아요. 저희는 숨기기 바빠요. 집회 신고가 확정될 때까지, 어디 경찰서에서 집회 신고를 할 건지도 극비예요. 이렇게까지 혐오 세력을 신경 쓰면서 축제를 준비해야 한다는 게 너무 슬플 따름이에요. 2회 때는 금남로4가 거리에 집회 신고를 끝내고 나니까, 혐오 세력이 윤장현 당시 광주시장 집무실까지 쳐들어갔어요. 무릎 꿇고 가랑이를 잡으면서 '이러시면 안 됩니다'라고 할 정도였어요." [서유]

광주퀴어문화축제가 좀 더 안전하게 열리려면 어떤 것이 필요할까. 광주는 그나마 경찰이 퀴어문화축제 측에 협조적이라 혐오 세력을 잘 막아 주는 편이다. 주최 측은 축제가 진행되는 동안 계속해서 주변을 살피고, 혐오 세력에게 피해를 당한 이들을 위한 긴급 상담을 지원하기도 했다. 또 민주사회를위한변호사모임(민변)과 함께 '인권지킴이단'을 구성해 불법행위를 하는 사람들에 대한 법적 조치를 검토하기도 했다. 깨비는 일반 참가자로서 말한다.

"더 없어요. 할 수 있는 게 없어요. 왜냐면 어지간한 건 다 하고 있거든요. 어떻게 하면 안전하게 축제를 할 수 있을지, 그 방법을 한 사람이 아니라 조직위원회에서 얼마나 많이 생각했겠어요. 경찰도 있지, 만일의 사태에 필요한 일들도 조직위원회에서 다 하고 있는데···. 그냥 (혐오 세력과) 좀 더 거리가 멀었으면 좋겠다는 정도? 아예 버스를 대절해서 공간을 분리하든지 해야 할 것 같아요." [깨비]

"지금까지는 경찰이 저희를 둘러쌌거든요. 저희 말고 그 사람들을 둘러쌌으면 좋겠어요. 저희가 가둬지는 게 너무 이상해요. 저희를 둘러싸고 있다 보니까 참가자들이 출입구 찾기가 힘들거든요. 경찰과 혐오 세력이 겹겹이 둘러싸고 있으니까. 이 상황 자체를 타개하는 게 필요하다고 봐요.
좀 더 근본적으로는 근거법이 없어서 그렇다고 생각해요. 평등법·차별금지법이 있어야 할 것 같아요. 물론 더 근본적으로 차별과 혐오가 없어지면 좋겠죠. 그렇지만 지금까지 역사를 봤을 때, 어느 공간에서도 차별과 혐오는 빠지지 않앞어요. 이런 차별과 혐오를 방지하고 막을 수 있는 최소한의 문턱이 저는 평등법·차별금지법이라고 생각하거든요. 차별금지법으로 누구를 처벌하고 그럴 수 있는 건 아니지만, 최소한 차별금지법이 있어야 '당신은 차별을 하고 있고, 나는 보다 안전한 공간이 필요하다'고 요구할 수 있는 법적 기반이 된다고 생각하거든요.

근데 법 제정이 지지부진하니까, 저희 '인권지기 활짝'에서는 일단 지역 단위에서라도 '차별 금지 조례'가 생기면 어떨지 제안해 보고 있어요. 법보다는 약하겠지만 일단 지자체 행정은 조례를 통해서 굴러가니까요. 행정적으로 차별을 금지할 수 있는 기반이 될 거라고 기대하는 거죠. 저희 광주도 광장을 빌릴 때 되게 논란이 컸거든요. 이런 조례를 통해 행정적으로 거부할 만한 타당한 사유가 없도록 하는 것이 축제를 안전하게 만들지 않을까 생각합니다." [서유]

서유가 이야기한 것처럼 차별과 혐오가 아예 사라진다면 좋을 것이다. 더디지만 세상은 점점 퀴어 친화적으로 변하고 있다. 차별과 혐오의 시선 속에서도 자신을 드러내기를 택한 사람들, 그런 그들을 지지하는 사람들도 점점 늘어나고 있다. 세상이 타락해 가는 것이 아닌 인권을 존중하는 방향으로 가고 있는 것이다. 이런 세상에서 교회와 그리스도인은 단지 법적인 제재 때문에 어쩔 수 없이 차별·혐오하지 못하는 상태가 되면 안 된다. 차별과 혐오가 성소수자들을 얼마나 힘들게 하는지 깨닫고 마음을 돌이켜야 한다. 서유와 깨비는 개신교인들에게 당부했다.

"저는 오늘 퀴어의 한 사람으로 인터뷰에 온 거지만… 저 외에도 열 명 중 세 명은 있다, 당신 옆에 한 명은 있습니다. 내 주변에 한 명도 없다고 생각하시면 곤란합니다. 내 가족, 내 지인이 성소수자일 수 있다고 생각하시고, 그분들이 상처받지 않도록, 차별받지 않도록 한 번 더 생각하고 이야기해 주시고, 한 번 더 연대해 주시고, 한 번 더 함께 기도해 주시면 좋을 것 같아요." [서유]

"이건 제가 종교가 없어서 할 수 있는 말이겠지만… 종교가 1순위가 아니셨으면 좋겠어요. 가치관을 바꾸라고 하는 건 너무 먼 얘기니까 그렇게까지는 못 하겠지만, 그 가치관을 드러내지만 않았으면 해요. 혐오를 생각할 수는 있지만 그걸 드러내면 안 될 것 같아요. 아, 그리고 이런 말 해도 되나…. 예수님은 사랑으로 포용하라고 하셨으니, 그 정도만 해 주셨으면 좋겠습니다." [깨비]

09.
그것은 '진짜 사랑'이 아니다

'레알러브시민축제'와 지자체 방해 겪은
부산퀴어문화축제

반동성애 단체들이 2018년 10월 31일 부산퀴어문화축제에 대항하기 위해 레알러브시민축제를 열었다. ©뉴스앤조이

"우리는 평화 집회를 해야 합니다! 물리력 행사를 하지 말아 주세요! 만일 주변에서 그렇게 하면 말려 주세요!"

함성과 함께 '퍼레이드'가 시작했다. 교계 연합 단체, 유아차를 끄는 가족, 이성 부부·커플, 교복을 입은 학생, 군복을 입은 군인이 다섯 대의 트럭 뒤에서 차례로 출발했다. '술=간암, 담배=폐암, 동성애=에이즈', '그릇된 성도착, 에이즈 감염이란 총알이 장전된 위험한 자해 행위' 같이 자극적인 문구가 담긴 현수막이나 깃발이 곳곳에서 펄럭였다. 출발 전, 단상에 선 사회자가 "환하게 웃어 달라"고 당부했지만, 동성애 반대 구호를 외치며 한 시간 넘게 행진한 이들의 표정은 대부분 굳어 있었다.

2018년 10월 13일 부산광역시 해운대구 구남로광장에서 열린 퀴어문화축제 반대 집회 이름은 '제2회 레알러브시민축제'였다. 개신교인 2,000여 명이 참석해 부스 행사부터 공연, 퍼레이드까지 퀴어문화축제를 그대로 모방한 것처럼 진행됐다. 시민들에게 '진짜 사랑'을 알리겠다는 축제 취지를 강조하려는 듯, 단상에 선 사회자는 수시로 "충돌하지 말라", "우리가 가진 사랑이 진짜 사랑이라는 것을 얼굴과 몸짓으로 보여 줘야 한다"고 강조했다. 하지만 지나가던 한 시민은 '항문 성교'라는 말이 들어간 문구를 보고 헛웃음을 쳤다. 여기저기에 놓인 성소수자 혐오 문구들은 시민들의 눈살을 찌푸리게 했다.

경찰 병력을 사이에 두고 구남로광장 반대편에서는 제2회 부산퀴어문화축제가 열렸다. 반대 집회가 동시에 열리고 있었지만 참가자들은 개의치 않은 듯 무지개색 깃발을 흔들며 축제를 즐겼다. 이전과 달리 축제장에 난입하는 개신교인들도 거의 없었다. 하지만 현장을 둘러보던 부산퀴어문화축제기획단 하람(활동명)과 김혜연 사무국장은 반대 집회의 모습이 심상치 않았다. 그동안 보수 개신교인들은 참가자들에게 린치를 가한다거나 돌발적으로 폭력을 저지르며 축제를 방해해 왔다. 1회 축제 때에도 같은 이름의 반대 집회가 열리긴 했지만 일인 시위의 성격이 더 컸다. 혐오 세력이 모든 걸 치밀히 계획하고 제대로 형식을 갖춰 '축제'를 연 것은 이번이 처음이었다.

"되게 전략적이구나, 혐오 세력이 작정을 했구나, 이런 생각이 들었어요. 퍼레이드도 풍선 같은 걸 만들어서 저희보다 훨씬 더 화려하게 했거든요. 코스도 실제 저희랑 반대로 돌도록 거의 똑같게 짜 놓고요. 본인들 이미지를 잘 챙기면서 혐오가 자연스럽게 받아들여지도록 하는 느낌이었어요. 예전처럼 저희를 압박하고 일방적으로 찍어 내리는 게 아니라, '우리가 더 합리적이고 우리 말이 더 맞으니까 우리 얘기 한번 들어 봐' 이런 형태가 된 거죠. 그러니까 사실 누가 봐도 혐오 집회인데, 그냥 의견이 다른 집회처럼 보이는 느낌을 줬죠. 저렇게까지 하는 걸 보니까 되게 치밀하다는 생각도 들었고, 한편으로는 소름이 돋았어요." [하람]

"축제를 통해 '우리는 당신들을 혐오하는 것이 아니다'라는 걸 드러내려고 하더라고요. 2017년과 2018년의 간극이 컸던 것 같아요. 처음에는 피켓을 들고 하는 일인 시위의 형태였다면, 2회부터는 정말 축제로 만들고자 하는 의지가 보였어요. 우리 축제처럼 정말 무대에 올라가서 공연도 하고, 팸플릿도 만들고, 그 안에 부스를 만들어서 기독교 관련 서적 같은 것도 판매하고, 퍼레이드도 하고.

저희와 똑같은 형태로, 그러니까 '사랑하는 것 혹은 우리 존재는 잘못되지 않았고 문제도 되지 않는다'라는 걸 베껴서 '너라는 존재는 잘못됐다'라고 하는 것은 혐오를 선택 사항으로 만드는 거잖아요. 실제로 지역 언론에서도 혐오하는 분들의 축제와 저희 축제를 하나의 의견이나 선택 사항으로 많이 그렸죠. 이게 부산에 살고 있는 성소수자와 시민들의 생각에 어떤 영향을 미칠까…. 걱정됐어요. 이게 다툴 만한 일이라는 메시지를 주는 것 아닐까. 우리가 퀴어문화축제를 여는 이유는 성소수자의 존재와 우리가 옳다는 걸 드러내는 거였는데, 어떻게 보면 더 힘들어지는 건 아닐까 고민도 많이 했어요." [김혜연]

'레알러브시민축제'의 등장

부산퀴어문화축제는 2017년 처음 시작했다. 부산성소수자인권모임 QIP를 주축으로 꾸려진 제1회 부산퀴어문화축제는 2017년 9월 23일 해운대역 구남로광장에서 열렸다. 축제에는 많은 사람이 몰렸다. 집회 신고는 700명을 했는데 실제로 온 건 수천 명이었다.

이 당시 보수 개신교인들은 퀴어문화축제 장소 인근에 모여 '레알러브시민축제'를 열었다. 축제라고 이름 붙였지만 사실상 퀴어문화축제 반대 집회였다. 단상에서는 청소년들의 난타, 재즈 댄스, 태권도 등 공연과 반동성애 강사·목회자들의 혐오 발언이 한데 뒤섞여 진행됐다. 몇

몇 사람은 퀴어문화축제장에 들어와 손에 든 부채로 참가자들의 머리를 때리고 지나가기도 했다. 성조기와 태극기를 건 승합차와 트럭은 축제장 인근을 돌며 "동성애를 하면 에이즈에 걸립니다"라는 멘트를 줄줄 반복했다.

퍼레이드가 시작되자 방해는 더 극심해졌다. 행진 경로마다 일렬로 붙어 선 이들은 피켓을 들고 동성애를 반대한다며 소리를 질렀다. 행렬에 난입하려는 시도도 몇 차례 있었다. 곳곳에서 혐오가 빗발쳤지만 그중에서도 하람 사무국장이 기억하는 장면이 있다. 한 아이가 도로 한복판에서 안대를 하고 헤드셋을 낀 채로 혐오 문구가 적힌 피켓을 들고 있었다. 보지도 듣지도 않겠다는 표시였다.

"그게 과연 그 아이의 의사였을까…. 너무 불안했을 거라고 생각해요. 저희가 퍼레이드를 하면 보통 못해도 한두 시간이 걸리는데, 그 시간 내내 아이가 그걸 끼고 도로에 서 있을 걸 생각하니까 걱정이 많이 됐어요. 저희가 싫어서 직접 반대하겠다는 건 알겠는데, 아이한테까지 굳이 그렇게 했어야 하나. 너무 심하지 않나. 그거야말로 아동 학대 아닌가. 저한테 좀 충격적이었던 장면이었어요."

이날 보수 개신교인들은 혐오 문구가 적힌 피켓을 들

고 축제를 방해하는 데 그치지 않았다. 무지개 옷을 입고 무지개 깃발을 든 참가자들의 눈앞에서 위협적으로 사진을 찍어 갔다. 기획단 사람들이 수시로 경찰과 소통하며 이들을 제지했지만 손쓸 수 없는 경우가 더 많았다. 결국 하람 사무국장은 1회 축제가 끝나고 아웃팅을 당했다.

"축제가 끝나자마자 집에서 전화가 왔어요. 제가 그때까지 어머니한테 커밍아웃을 안 했었거든요. 어떻게 알게 됐냐고 하니까, 외숙모가 개신교인이신데 제 얼굴이 나온 사진을 보고 바로 어머니한테 연락을 했다고 하더라고요. '왜 개가 거기 있느냐', '이러이러한 축제인데 아느냐'라고요. 소름이 돋았죠. 그분은 축제에 오신 게 아니었거든요. 저희 얼굴이 담긴 사진이나 영상이 실시간으로 돌아다닌다는 얘기였죠. 다행히 누나들이 어머니께 설명을 잘해 줘서 이해를 받긴 했는데, 제가 의도하지 않은 채로 아웃팅이 된 거예요. 그때 혐오 세력의 사진이 어떤 용도로 쓰이는지 알게 됐어요. 실제로도 1회 축제가 끝나고 나서 많은 청소년분이 집에서 쫓겨났다는 얘기를 하시더라고요."

하람 사무국장은 이전까지 개신교에 대해 깊이 생각해 본 적이 없었다. 그저 사랑을 이야기하는 종교 중 하나라고 생각했다. 하지만 축제에서 혐오 세력을 마주하면서 생각이 달라졌다. 개신교인들의 행태는 사랑과는 거리가 한참 멀었다. 성소수자로 살면서 일상적으로 차별을 느껴왔다고 생각했지만, 이렇게까지 혐오를 표면에 드러낸 건 개신교인들이 처음이었다.

"종교에서 이야기하는 건 '이웃하고 잘 지내야 해', '사랑해야 해' 이거잖아요. 그래서 처음 이 혐오를 마주했을 때 '이게 개신교에서 봐도 맞는 건가' 하는 의문이 들었어요. 성경도 찾아봤죠. 보니까 생각보다 안 되는 게 많더라고요. 죄지은 사람은 돌로 찍어 죽이라고 하고, 무슨 고기, 어떤 섬유는 안 된다고 하고. 반면 성소수자가 나오는 내용은 전체로 치면 한 페이지도 안 될 정도로 짧았어요. 이분들이 과연 다른 내용들은 다 지키고 있나 싶더라고요.

안 되는 것들이 이렇게 많은데 왜 성소수자만 걸고넘어지나요. 필요한 것만 취사선택해서 차별과 혐오를 한다는 게 이해가 안 돼요. 필요하면 취하고 아니면 버리고, 요즘 말로 '내로남불' 아닌가요. 그리고 반대 집회에는 저희가 흔히 말하는 '역사적 퀴어'의 작품들, 예를 들면 차이콥스키 노래가 나온다든지 하거든요. '왜 퀴어들이 만들어 낸 걸 쓰면서 퀴어들을 거부하는 거지' 이런 생각도 많이 했던 것 같아요.

되게 웃기고, 모순적이라고 느껴져요."

제1회 때부터 부산퀴어문화축제에 참가한 운주(예명)는 다른 지역 축제들도 여러 번 다니며 혐오 세력을 대하는 내공이 쌓였다. 혐오 세력이 욕을 하거나 위해를 가할 때는 직접 대응한다. 불법 촬영을 하고도 발뺌하는 이들과 몸싸움을 한 적도 여러 번 있다. 그런데도 축제에 참가할 때면 항상 혐오 세력을 마주할까 봐 두려운 마음이 앞선다. 이들이 허위·왜곡 정보를 바탕으로 조직적으로 움직이고, 말이 통하지 않는다는 걸 알기 때문이다.

"초등학생 때부터 알고 지내던 개신교인 친구가 있는데, 오랜만에 만나서 얘기를 하다가 개신교인들이 모여 있는 단체 채팅방을 저에게 보여 줬어요. 거의 뭐 맨날 '게이 찜방' 이런 혐오 동영상이 계속 올라오더라고요. 그리고 반동성애 집회가 언제 열리는지 일정을 공유하고 되게 조직적으로 움직이는 모습을 봤어요. 그때 그 친구가 했던 말은 '사실 나는 그나마 너라는 접점이 있어서 이렇게 얘기를 나눌 수 있다'였어요. 근데 자기 주위 사람들은 이 동영상을 정말 곧이곧대로 믿는다고 하더라고요.

저는 축제에서 저희를 위협하는 사람들하고는 같이 엎치락

뒤치락해요. '왜 당하고만 있어야 하지' 싶어서. 근데 무서운 건 맞아요. 누가 저를 해치려고 하는데 당연히 무섭죠. 한편으로는 퍼레이드를 하다가 혐오 피켓을 들고 계신 분들을 빤히 쳐다볼 때가 있어요. 그러면 그분들은 십중팔구 눈을 돌려 버려요. 저는 그 심리가 뭔지 항상 궁금해요. 눈을 제대로 쳐다보지는 못하지만 반대한다고 주장하는 이면에는 뭐가 있는 건지 궁금한 거예요. 퀴어문화축제에 가면 항상 보수 개신교인들이 자기가 뭘 말하는지, 뭘 욕망하는지, 어떤 욕망을 반대하는지도 모르고 무언가를 외치는데, 온갖 난잡한 게 다 섞여 있잖아요. 그분들을 보면 소돔과 고모라 같은 느낌이 들죠."

운주는 청소년 시절 강제로 아웃팅을 당한 후 가정에서 폭력을 겪었고, 일상이 분절되는 경험을 하며 성장했다. 그렇기에 그는 일 년에 단 하루지만, '광장'에서 열리는 퀴어문화축제가 큰 의미를 가진다고 생각한다. 공적인 공간에서 '성소수자인 우리가 있다'는 걸 계속 이야기하는 일이 필요하다고 생각하기 때문이다. 그런 점에서 '사랑'을 외치며 퀴어문화축제를 방해하는 개신교인들이 스스로를 돌아봤으면 한다.

"예전에 사랑이라는 말이 어디서 나왔는지 어원이 궁금해서 찾아본 적이 있어요. 어원이 정말 다양했는데, 제가 눈길이 갔던 건 사랑이 '사량'思量이라는 말에서부터 나왔다는 거였어요. '생각할 사思' 자에 '헤아릴 량量' 자인데, 상대의 입장을 생각하고 헤아린다, 지레짐작이라도 해 본다는 거겠죠. 상상하게 만들고 상대가 궁금해지게 만드는 힘, 저는 그게 사랑이라고 생각했던 것 같아요. 근데 개신교인들이 '사랑하니까 반대한다'고 하는 건… 저는 솔직히 단호하게 '그건 사랑이 아니다'라고 얘기하고 싶어요. '당신들의 두려움을 투사하지 말라'는 얘기가 더 정확한 것 같아요."

부산의 한 대형 교회에 다녔던 김혜연 사무국장은 보수 개신교인들이 성소수자들에게 내비치는 혐오가 낯설지 않았다. 어렸을 때부터 교회에서 "동성애는 안 된다", "성경에 나쁜 것이라고 적혀 있다"는 말을 귀에 못이 박히도록 들으며 자라 왔다. 일찌감치 커밍아웃했던 것도, 성소수자 존재를 지우고 정죄하는 이들 사이에서 자신을 알리기 위해서였다. 하지만 그에게도 축제장 인근에서 확성기를 들고 탈동성애를 외치는 개신교인들의 모습을 마주하는 일은 쉽지 않았다. 신앙의 끈을 아예 놓지는 않았지만, 혐오 세력을 마주한 뒤로는 교회에 다시 돌아가지 못할 거라는 생각이 든다.

"같은 신을 믿고 있는 분들이, 우리는 형제자매라고 하던 분들이, 성경에 쓰여 있다는 이유 하나 때문에 저렇게 와서 우리 모두를 부정하는구나 싶어서 참 슬펐어요. 제가 알고 있던 개신교는 역사적으로 힘든 사람들을 돕고자 선행을 많이 했거든요. 구호 활동도 참 많이 했고요. 근데 이제 그런 활동은 줄어들고, 자극적이고 교세를 결집할 수 있는 요소만 계속 찾는다는 느낌이 들어요.

제가 부산에서 살면서 여러 가지 집회나 행사를 보면, 보수 개신교인분들이 반대하시는 경우가 되게 많았어요. 노인·어린이 같은 취약 계층 또는 사회적으로 보호받고 더 논의해야 할 존재들에 대해서도 반대하는 경우가 많더라고요. 그래서 개신교 목사님들이나 교회를 봤을 때 자동으로 '혐오 세력'이라고 치환되기는 해요. 제 주변에도 신앙을 가지고 있지만 교회는 못 가겠다고 생각하는 분들이 되게 많아요. 이런 모습을 볼 때, 지난 10년이 아니라 5년만 돌아보더라도 개신교는 모든 사회적 소수자들을 배제하고 있는 길로 가고 있지 않나 싶어요. 근데 그 결말은 절대 좋지 않을 거라고 생각해요."

국제알몸마라톤대회는 선정적인가

1회 '불허'. 2회 '불허'. 3회 '불허'. 부산에서 보수 개신교인의 축제 방해 행위만큼이나 심각한 건 지자체의 차별 행정이었다. 해운대역 구남로광장은 차가 다니지 않지만, 지목상 도로이기 때문에 사용하기 위해서는 구청의 도로점용 허가를 받아야 했다. 해운대구청은 2017, 2018, 2019년 내내 부산퀴어문화축제의 도로점용을 불허했다. 기획단의 연이은 구청 방문에도, 담당 직원은 '성소수자라서 안 된다'며 신청서를 아예 수리하지 않았다. 집회 신고를 마친 기획단은 예정대로 축제를 열었지만, 해운대구청은 기획단에 과태료를 부과하고 김 사무국장을 형사 고발했다.

"처음 저희가 생각했던 장소는 사실 해운대 또는 광안리 바다 앞이었어요. 부산의 특색을 살려서 함께 융합하고 즐기자는 취지로요. 장소를 선정하기 위해 구청 담당자와 여러 번 얘기를 했는데, 여기저기 뺑뺑이를 돌리더라고요. '그건 부산시민광장으로 가야 한다', '송상현광장으로 가야 한다', '그쪽에다 연락을 해 봐라' 하면서요. 그래서 모든 광장에 다 신청해 봤어요. 답은 똑같더라고요. '성소수자? 그건 안 됩니다'라는 얘기를 실제로 듣기도 했어요. 오랜 시간 품을 들였는데 단지 성소수자여서 안 된다는 말을 듣고, 딱 정한 곳이 구남로광장이었죠. 여긴 버스킹을 신청제로 받고 있어요. 그동안 다른 축제도 여러 번 열렸고요. 그런데도 해운대구청에서는 구남로가 도로이기 때문에 축제는 안 된다는 말이 돌아왔죠." [김혜연]

"구남로광장이 도로라서 축제를 열 수 없다는 건 상식적으로 이해가 안 돼요. 차가 다니는 것도 아니고 그동안 마술 축제라든지 코믹 축제 같은 것들도 열렸거든요. 나중에는 해운대구청이 '공익성 있는 행사만 가능하다'고 불허 이유를 추가하더라고요. 근데 2017년에 구남로광장에서 홍준표 당시 자유한국당 대표의 토크 콘서트가 열렸어요. 저희가 '이건 공익이 아니라 특정 정당의 의견이 아니냐, 이런 행사는 어떻게 허가를 해 주는 거냐'고 물으니까, 구청에서는 '그 당시 시장이 허가해 줬기 때문에 공익 행사다'라는 식으로 답변하더라고요. 이건 형평성에 맞지 않죠." [하람]

2019년 3회 부산퀴어문화축제는 열리지 않았다. 해를 거듭할수록 혐오 세력의 방해 수위가 거세지고, 구청과 경찰도 축제 부스가 설치되면 행정대집행을 하겠다고 예고할 정도로 비협조적인 상황이었다. 이런 상황에서 축제를 강행했다가는 참가자들의 안전을 보장할 수 없었다. 기획단은 2019년 8월 19일로 예정됐던 제3회 퀴어문화축제를 취소하고, 대신 한 달 후 '전국 퀴어 총궐기'를 열어 구남로광장을 무지개로 물들였다.

지자체 장소 불허의 배경에는 보수 교계의 민원과 압력이 있었다. 당시 해운대구청 관계자는 언론 인터뷰에서 "퀴어문화축제에 반대하는 민원이 쏟아지고 있다. 기독교 단체에서 반대 집회를 예고했고, 양측이 충돌할 경우 이들의 안전을 담보할 자신이 없다"고 밝혔다. 반대 민원의 주된 내용은 퀴어문화축제가 외설스럽고 선정적이어서 아동과 청소년의 정체성에 혼란을 준다는 것이었다.

2018년 열린 '제2회 레알러브시민축제'에서도 보수 개신교인들은 어김없이 '동성애 음란 축제'라는 구호를 외쳤다. 몇몇 보수 언론은 한 부스가 성기 모양 쿠키를 만들었다며 허위 보도를 했다. 경찰은 '옷을 벗지 말라', '하네스를 착용하지 말라'는 참가자 복장 지침을 기획단 소셜미디어에 올려 달라고 요구하기도 했다.

'퀴어문화축제는 외설스럽다'는 주장은 성소수자가 문란할 것이라는 편견에서 나온다. 성소수자를 성적인 시선으로만 바라보기 때문이다. 김혜연 사무국장은 이 같은 시선이 결국 성소수자를 향한 혐오에서 비롯된다고 생각한다. 모든 성소수자가 외설스럽고 문란하다면, 모든 이성애자는 플라토닉하기만 한가. 그는 되묻고 싶다. 또한 이는 무성애자 등 다양한 스펙트럼을 가진 성소수자를 잘 몰라서 하는 말이기도 하다.

"혐오 세력의 눈에 우리의 사랑은 이탈, 반항, 성욕에 불과한 것 같아요. 성소수자들은 성욕을 해소하려고 서로를 탐하기 때문에 죄라는 거죠. 하지만 우리는 성욕이 없을 수도 있고, 그냥 있는 그대로의 존재를 좋아할 수도 있어요. 사랑에는 여러 가지 유형이 있는데, 그런 것들은 다 제하고 무조건 '너희들은 잘못된 길로 가고 있다'고 생각하니까 그런 것 같아요. 내가 알고 있는 사랑이랑 다르니까 받아들이고 싶지 않은 거죠. 하지만 이성애자분들도 사랑의 형태와 이유는 다 다르고, 그 다름에 대해서는 서로 잘 이야기하지 않잖아요. 왜 굳이 성소수자의 사랑은 그렇게 낱낱이 쪼개서 얘기를 해 줘야 하는 걸까요? 우리는 무조건 설명해야 할 의무가 있는 걸까요?"

성소수자를 단번에 이해해 달라고 요구하고 싶지는 않다. 다만, 퀴어문화축제가 선정적이라고 말하는 사람들이 축제에 와서 직접 보고 판단했으면 좋겠다. 축제의 주인공들이 축제 장소에서 마음껏 즐기는 것을 두고 외부인이 이렇다 저렇다 참견할 필요도 없다. 운주는 휴대폰을 꺼내 잠시 검색해 보더니 이렇게 말했다.

"2019년에 제27회 대관령눈꽃축제 국제알몸마라톤대회가 있었네요. 그런데 여기 기사를 보니까 조건이 '남성 참가자들은 반드시 상의를 벗어야 하며, 여성 참가자들의 복장에는 제한이 없다' 이렇게 돼 있어요. 혐오 세력 분들에게 지자체에서 진행한 듯한 이 국제알몸마라톤대회에 대해서는 어떻게 생각하는지 한번 물어보고 싶어요. 외설스러운게 도대체 뭔가요?"

삶의 가능성을 보여 주는 곳

부산퀴어문화축제는 2023년 한 해 더 쉬어 간다. 축제를 준비하려면 개인의 역량과 시간, 돈을 할애해야 하는데, 거기에 더해 매번 혐오 세력의 방해와 지자체의 차별에 부딪히며 많이 지쳤다. 기획단은 축제를 왜 열어야 하는지, 축제가 아니라 성소수자 차별적인 법과 제도에 맞서 싸우는 게 급선무가 아닌지 고민과 토론을 거듭했다. 당분간은 그 고민을 견고히 다져 가려 한다. 김혜연 사무국장이 말했다.

"부산 특색에 맞게끔 축제의 정체성을 만들어 내는 것도 하나의 일이잖아요. 처음에는 뭘 고민해야 하는지를 잘 모르니까 하나하나 다 찾아서 만들어 나가는 작업을 많이 했던 것 같아요. 그런데 축제를 계속하면서 '우리가 축제를 왜 열어야 하는지' 근본적인 고민을 하게 됐어요. 내부적으로도 '축제가 아니라 사실 나가서 싸워야 하는 건 아닐까' 같은 토론이 많이 이뤄졌죠. 축제에 많은 품이 들어가는데, 어쩌면 그 품을 포괄적 차별금지법 제정 운동 등에 집중해야 하는 게 아닐까 해서요. 근본적으로 부산퀴어문화축제의 특징은 '운동성'이라고 생각해요. 운동의 한 방식으로 축제를 선택했던 거고요. 그냥 놀기만 하는 게 아니라 잘 싸우기 위해, 어떻게 축제를 구성해야 할지 고민하고 있어요."

언제 어디서든, 반드시 축제의 형태가 아니더라도 부산퀴어문화축제는 지속될 것이다. 하람 사무국장은 존재가 차별받아서는 안 된다는 당연한 명제가 사회적으로 당연하게 교육되고 법률로 보장되는 날까지 퀴어문화축제가 계속돼야 한다고 생각한다. 그는 이와 관련해 떠오르는 한 장면이 있다.

"제가 부산퀴어문화축제에서 기억이 남았던 게, 축제가 끝날 때쯤 할아버지 두 분이 손을 잡고 가셨어요. 그 모습에서 저는 삶의 지속성과 가능성을 봤어요. '내 미래도 가능하지 않을까' 하고요. 퀴어문화축제 참가자들은 청소년부터 성인까지 나이대가 되게 다양해요. 청소년 퀴어분들도 '내가 살아도 괜찮구나' 혹은 '성장한 퀴어도 있구나'라는 걸 축제를 통해 보게 되는 거죠.

흔히 저희 말로는 퀴어문화축제에 다녀오면 '퀴어뽕'이 찬다고 하는데, 이 축제가 단순히 즐겁게 놀고 끝나는 것이라기보다는 누군가에게는 삶이 계속 이어질 수 있는 하나의 수단이 될 수도 있어요. 물론 사회에서 예전보다 성소수자에 대한 정보가 많이 공유되고 있죠. 하지만 성소수자 개개인의 삶이나 본질적인 고민에 대해서는 아직 한국 사회가 따라가지 못하고 있다고 생각해요. 성소수자들이 서로의 미래를 볼 수 있는 장이 아닌가 싶어서, 저는 퀴어문화축제가 계속 열려야 한다고 생각해요."

10.
혐오 세력도
언젠가 친구가 될 수 있을까

'퀴어망제'가 아니라 '문화 축제'로 열린
경남퀴어문화축제

제1회 경남퀴어문화축제 참가자 천여 명이 창원광장 일대를 행진하고 있다. ©경남퀴어문화축
제조직위원회

'퀘어망제'. 조악한 음절의 조합인 것처럼 보이는 이 말은 '퀴어문화축제'를 비하하는 멸칭이다. 성소수자를 지칭하는 '퀴어'를 '퀘어'라고 적어 놓은 데다가, '축제'祝祭의 반대말로 '망제'亡祭라는 말을 쓴 것 같지만, 이는 사전에도 없는 단어다.

경남퀴어문화축제조직위원회가 2019년 1월 9일 경상남도청에서 연 발족 기자회견에 이 '퀘어망제'라는 말이 등장했다. 고등학교를 졸업하고 막 스무 살이 됐던 경남퀴어문화축제조직위원회 민규(활동명) 조직위원장은 당시를 생각하면 씁쓸한 웃음이 나온다. 기자들에게만 알린 행사였는데, 어떻게 알았는지 나쁜학생인권조례제정반대 경남도민연합 등에서 보수 개신교인들이 왔다. 이들은 앞자리에 앉아 '퀘어망제'가 적힌 피켓을 꺼내 들고는 뜬금없이 인권조례를 반대한다는 등 발언을 하며 기자회견에 훼방을 놓기 시작했다.

"처음에는 '퀘어'라고 적힌 걸 못 알아보고, 속으로 '어머님들이 우리를 응원하러 와 주셨나 보다' 생각하고 있었어요. 그런데 갑자기 저를 보더니 삿대질하면서 발언을 하시더라고요. 그때 '경남은 퀴어가 뭔지도 모르고 일단 반대부터 하는 동네구나' 그런 인식이 생겨 버린 것 같아요."

출발부터 혐오와 몰이해에 부딪혔지만, 경남퀴어문화축제는 그해 11월 30일 창원시 창원광장 남쪽 도로에서 열렸다. 주최 측 추산 1,000명이 참석할 정도로 축제는 성황을 이뤘다. 반면 경남기독교총연합회 등에서 동원한 보수 개신교인 5,000명(경찰 추산)은 축제 장소와 300미터 떨어진 맞은편 도로에서 '퀴어퍼레이드 반대 경남 대성회'를 열고 혐오 발언을 쏟아 냈다. 이들은 창원뿐만 아니라 경남 여러 지역에서 버스를 대절해 모여들었다.

과격한 방해는 없었다. 이날 경찰은 마찰을 막기 위해 철제 난간과 차벽, 병력 1,400여 명을 퀴어문화축제 장소 주변으로 겹겹이 둘러쌌다. 때문에 과거 다른 지역에서처럼 보수 개신교인들이 축제 장소에 난입하거나 물리적인 폭력을 저지르지는 일은 벌어지지 않았다. 하지만 위협은 곳곳에 존재했다. 반동성애 개신교인 몇몇은 난간 너머에서 참가자들을 불법 촬영하거나, 참가자인 척하며 들어와 갑자기 휴대폰을 꺼내 들었다. 참가자들이 축제 장소를 벗어나 퍼레이드를 진행하자 보수 개신교인들의 방해는 본격화했다. 반대 집회에 모여 있던 일부 개신교인이 우르르 몰려나온 것이었다.

'갈 것이냐, 말 것이냐.'

퍼레이드 선두에 있던 민규 위원장은 멈춰 서서 생각했다. 원래 창원광장 남쪽 도로에서 시작해 번화가인 상남동을 지나 광장을 한 바퀴 돌고 제자리로 돌아오는 것이 전체 코스였다. 행진 막바지에 다다르며 광장 입구에 들어서자, 맞은편 반대 집회에 모여 있던 개신교인들 20여 명이 퍼레이드 행렬을 향해 돌진하기 시작했다. 경찰 병력이 중간에 벽을 만들어 막고 서 있는데도 개신교인들은 순식간에 사이사이로 튀어나왔다. 계속 전진하다간 반대 집회에 모여 있는 개신교인 수천 명이 물리적 훼방을 놓을 것 같았다. 원래 경로대로 계속 나아갈지, 경로를 바꿔 돌아갈지 선택해야 했다.

"경찰들이 '반대 집회에 3,000명이 넘게 모여 있는데, 단체로 밀고 나와 버리면 당신들이 다칠 수밖에 없다'고 하더라고요. 참가자분 중에는 평소 자신을 드러내지 않고 숨겨오다가 용기를 내서 잠깐 축제에 나오신 분이 굉장히 많았거든요. 그 이야기를 듣다 보니까, 그런 분들에게 상처가 되는 기억을 안겨 준다면 앞으로 그분들 인생에 그 기억밖에 남지 않을 거라는 생각이 들었어요. 그게 생각보다 굉장한 트라우마로 남거든요.

정말 안타까운 일이지만 제1회 인천퀴어문화축제에서 그런 사건이 벌어졌잖아요. 제 지인 중에도 축제에 갔다가 트라우마를 너무 크게 겪어서 정신과 치료를 받는다거나 굉장히 힘들어하는 분들을 많이 봤어요. (성소수자) 가시화도 중요하고 저희가 의견을 굽히지 않고 나아가는 것도 중요하지만, 일단 저희만 믿고 따라와 주시는 참가자분들이 다치지 않고 행복한 기억만 갖고 돌아가는 게 좋겠다는 생각이 들었어요. 그래서 급하게 방향을 꺾었죠."

조직위의 발 빠른 판단으로 참가자들은 방향을 우회해 안전하게 광장으로 돌아왔다. 혐오 세력 때문에 행진 경로를 급하게 변경한 건 씁쓸한 일이었지만, 민규 위원장은 광장에 다시 들어서며 안도감과 울컥하는 마음을 동시에 느꼈다. 첫 번째 경남퀴어문화축제가 성공리에 끝난 것이었다.

"저희가 축제를 열지 못할 거라는 얘기가 주변에 많았거든요. 행진 후에 광장을 바라보는데 '해냈구나. 우리가 정말 축제를 열었구나' 하는 생각이 들었어요. '서울이나 부산, 대구 같은 곳처럼 전혀 연고가 없는 지역이 아니라, 내 고향에서도 이렇게 퀴어문화축제가 열렸구나. 무지개를 펼쳤구나' 하는 생각에 울컥했죠."

하나님은 이러실 분이 아닌데

퍼레이드 행렬 속에는 도광(활동명)도 있었다. 당시 고등학교 2학년이었던 그는 사회문화 수업에서 내준 과제를 하기 위해 퀴어문화축제와 반대 집회를 조사하고 있었다. 양쪽을 오가며 주장을 살펴보니 차이점이 확연히 보였다. 퀴어문화축제에서는 비논리적이거나 반박할 만한 내용을 발견하지 못했지만, 반대 집회의 발언과 피켓 문구는 온통 논점이 빗나간 루머들이었다.

'퀴어퍼레이드를 허용하면 아이들이 동성애자가 된다는데, 그럼 이성애자 교육을 시키면 전부 다 이성애자가 돼야지 왜 동성애자나 양성애자가 나올까?'

도광은 속으로 생각했다. 그는 기독교인은 아니지만 성경을 공부해 봤기에, 이들이 성경에 나오는 구절들을 편파적으로 끌어다 사용하고 있다는 생각도 들었다.

도광은 퀴어문화축제 마지막 순서인 퍼레이드에도 참여했다. 내내 갑갑했던 마음이 활짝 열리는 기분이었다. 단지 축제 장소가 차벽으로 둘러싸여 그랬던 것이 아니라, 그동안 자신을 숨기고 남들에게는 아닌 척하며 살아왔던 데서 해방되는 것 같았다. 다른 참가자들과 자유롭게 행진하던 그의 눈앞에는 어느 순간 피켓을 들고 소리를 지르며 행진을 방해하는 개신교인들이 보였다.

"'하나님이 이러실 분이 아닌데…. 이 모습을 보고 과연 우리를 안타까워할까 저쪽을 안타까워할까…' 하는 생각이 들었어요. 성경을 조금만 읽어 봐도 동성애에 관한 내용보다는 '이웃을 사랑하라', '한쪽 뺨을 맞으면 반대쪽 뺨도 돌려 대라' 하는 내용이 많은데, 과연 저들처럼 우리를 반대하셨을까 싶더라고요. 그리고 '저분들은 정말 성경을 제대로 읽은 것인가, 아니면 목사님 말만 듣고 성경을 공부하지 않은 것인가' 이런 생각도 들었고요.
개신교인들은 성소수자를 측은하게 보면서 '우리는 성경에 나온 대로 너희를 보살피고, 선하게 만들겠다'고 하더라고요. 그런데 과연 그게 정말 예수님의 마음에서 나온 사랑인지, 아니면 자기가 우월하다는 생각에서 나오는 교만인지 생각해 보셨으면 좋겠어요. 예수님이 과연 자신을 있는 그대로 드러내고 적극적으로 사랑하겠다는 사람들에게 그렇게 막말하고 폭력을 쓰셨을까요?"

그는 학교로 돌아가, 퀴어문화축제에 참가해 보고 경험한 것을 발표했다. 그러자 이번에는 교회에 다니는 반 친구들이 "이제 너는 지옥에 갈 거다", "문란한 놈", "까진 놈"이라며 공격했다. 도광이 친한 동성 친구와 사귄다는 소문을 악의적으로 퍼뜨리기도 했다. 퀴어문화축제 현장에서 만난 개신교인들보다, 가까운 친구들이 보인 반응이 그에게 더 충격으로 남았다.

조직위원 재은(활동명)도 축제 때 처음으로 혐오 세력을 가까이서 봤다. 개신교인들이 "부모님한테 미안하지 않느냐", "얘들아, 정신 차려" 하며 소리를 지르고 퍼레이드에 난입을 시도했다. 마이크를 들고 성경을 읽으며 "구원받아야 합니다", "동성애는 죄악입니다", "하나님은 여러분을 사랑하십니다"라는 말을 주구장창 반복하는 사람들도 있었다. 한때 개신교인이었던 재은은 이들이 '성소수자 반대'를 기계적으로 외치고 있다고 느꼈다.

"그분들의 행동을 보면 정말 뭐라 해야 할까요. 악에 받쳐서 반대하는 분들은 2할뿐이에요. 오히려 진심이 동해서 나오신 건지 의심스러운 분들이 8할이에요. 그럴 거면 왜 나오셨나 싶은데, 반대 피켓을 흔들다가 도망가시는 분이 많거든요. 우리 성소수자들은 살기 위한 동력을 얻으려고 축제에 나왔잖아요. 그분들은 대체 어떤 동력으로 저렇게 뭉치고 반대하는 건지 궁금해요. 우리가 뭘 그렇게 잘못했길래 이런 취급까지 받아야 하는지 억울하기도 하고요.

동시에 저 혼자 그 상황을 맞닥뜨렸다면 무섭기만 했을 텐데, 당사자들과 같이 행진하고 있으니까 즐거운 면도 있었어요. 그렇게 말하는 사람이 있어도 우리는 하고 싶은 걸 할 거고, 우리끼리 뭉쳐서 잘 이겨 낼 거라는 생각이 들어서요. 그래서 '열심히 하십니다' 이러면서 그냥 무지개 깃발 흔들고 지나갔어요. 웃으면서."

이처럼 퀴어문화축제 참가자들은 혐오에 웃음으로 대응한다. 혐오 세력을 '혐세'라는 별칭(?)으로 줄여 부르고, 전국을 순회하며 축제에 훼방을 놓는 극성 개신교인들을 만나면 반갑게 맞아 주기도 한다. 하지만 퀴어문화축제에서 보수 개신교인들의 집단적인 방해를 겪을 때면, 교회나 개신교인에 대한 부정적인 인식이 한층 강해지는 것이 사실이다. 민규 위원장은 2019년 축제를 앞두고 한 방송사에서 기획한 좌담 형식의 인터뷰에 참여했다가 오랫동안 트라우마를 겪기도 했다.

"인터뷰 장소에 갔는데 축제를 반대하는 개신교인이 나와 계셨어요. 어디 교수라고 하더라고요. 저를 보자마자 갑자기 '너 그러면 지옥 간다'면서 제 등짝을 때리고 막 쏘아붙였어요. 순간적으로 너무 겁이 나서 정신을 못 차리고 아무것도 하지 못하는 상태가 됐죠. 결국 인터뷰는 중단됐어요. 기자분도 컨트롤할 수 없을 만큼 그분이 마구 쏘아붙였거든요.

제가 원래는 그러지 않았는데, 그 뒤로 낮에 번화가를 잘 못 나가요. 순간적으로 공황이 오거든요. 교회 주변을 지날 때나, 누군가 성경책을 들고 있다거나, 연배가 있는 어르신들을 만나면 저도 모르게 위축돼요. 이전에는 제가 각오했던 거니까, 혐오 세력을 봐도 어느 정도 견뎌 낼 수 있었어요. 그런데 그렇게 당하고 나니까, 사람들이 반대하는 분들을 왜 무서워하는지 알겠더라고요. 심지어 축제 때 그분이 축제장에 나타나셨어요. 그때부터 또다시 멘탈이 안 잡히더라고요. '우리가 혐오 세력을 두려워하고 무서워하는 게 당연해서는 안 된다'고 생각하며 마음을 겨우 다잡았죠."

초겨울에 열리는 축제에 노출이라니

"거짓말하는 게 딱 보이더라고요."

제1회 경남퀴어문화축제 반대 집회에서도 어김없이 '변태 축제'라는 말이 나왔다. "동성애 퀴어 행사는 말 그대로 괴상한 변태 행사"라는 것이었다. 도광은 학교 과제로 퀴어문화축제를 조사하면서 "퀴어문화축제는 선정적"이라는 보도를 많이 봤다. 하지만 보도 내용과 자신이 실제 관찰한 축제 모습은 달랐다. 백번 양보해도 노출을 했다고 할 수 있는 사람은 옷 대신 깃발로 몸을 감싸고 다닌 사람뿐이었다. 그마저도 깃발이 온몸을 완전히 덮고 있었기에 선정적이라고 말하기는 어려웠다. 11월 초겨울 무렵 열린 축제에 노출이 과도할 리도 만무했다.

모두 20대 초반인 민규, 은재, 도광의 눈에 퀴어문화축제는 전혀 선정적이지 않다. 이들은 평소에도 자신의 취향과 스타일을 잘 알고 드러내는 사람들을 '힙하다'고 평가한다. 퀴어문화축제 참가자들도 자신이 입고 싶은 옷을 입고 축제에 나올 뿐이다. 재은은 말한다.

"그분들의 시선으로 본다면 20~30대 대부분이 선정적인 거 아닌가요? 당장 서울 성수동이나 홍대입구를 가시면 퀴어문화축제보다 더한 장면을 많이 보실 수 있습니다.”

혐오 세력은 '동성애 퀴어축제', '음란 변태 축제' 같은 말로 퀴어문화축제에 담긴 의미를 지우려 하지만, 퀴어문화축제는 말 그대로 '문화 축제'다. 2000년 서울 대학로에서 '퀴어문화축제 ― 무지개 2000'이라는 이름으로 시작해, 지금까지 매년 수십 개 단체가 부스를 열고 퍼레이드·영화제·강연 등이 펼쳐지는 시민 문화 축제로 자리 잡았다. 민규 위원장은 경남퀴어문화축제도 모든 시민이 즐길 수 있는 '문화 축제'라고 강조한다. 그렇기 때문에 퀴어문화축제는 다양한 시민이 참여할 수 있는 광장이나 도심부에서 열려야 한다. 여타 축제와 달리 퀴어문화축제에만 '보기에 불편하다', '굳이 광장에 나와서 행진할 필요가 있느냐' 같은 말을 하는 건 모순이다.

“우리나라에는 지역 고유의 축제가 많잖아요. 그런 축제들은 보통 공공장소에서 열려요. 그러면 시민분들이 '저게 뭐야?' 하면서 알아보고 놀러 오고 그러시잖아요. 저희의 이름에서 알 수 있듯이 저희는 '경남퀴어문화축제'입니다. 문화 축제예요. 저희는 사람을 가려 받는 것도 아니고요. 티켓이 필요하다거나 어떠한 자격을 갖춰야 올 수 있는 것도 아닙니다. 근처를 지나가시다가 얼마든지 들어오셔도 됩니다. 체험 부스와 다양한 공연이 많이 준비돼 있으니, 오셔서 저희와 함께 즐기시면 더더욱 좋습니다.

저희가 항상 이야기하는 거지만, 퀴어문화축제는 위험하지 않습니다. 퀴어문화축제 때문에 아이들이 위험해진다고 하는데, 이건 정확히 짚고 넘어가야 해요. 축제를 방해하기 위해 혐오 세력이 벌이는 돌발 행동과 무력이 가장 위험한 거지, 퀴어문화축제가 위험한 게 아닙니다. 혐오 세력이 없다면 경찰 인력이나 펜스 같은 것도 필요 없어요. 그냥 최소한의 안전 가이드라인만 마련해 두고도 할 수 있죠. 그런데 언론에 자극적으로 보도되는 것만 보고 퀴어문화축제가 위험하다든지, 왜 광장에서 축제를 여는 거냐고 하신다면… 다시 한번 생각해 보시면 좋겠습니다.”

성소수자를 감추려 드는 공권력

민규, 재은, 도광은 2023년 제3회 경남퀴어문화축제를 준비하고 있다. 2020년에는 온라인으로 축제가 열렸고, 2021년과 2022년에는 코로나19로 쉬어 갔다. 경남퀴어문화축제의 특징은 지역이 광범위하다는 것이다. 창원 뿐만 아니라 경남 내 다른 지역에서도 한 번씩 축제를 열 겠다는 게 조직위의 목표다. 그렇지만 서울을 비롯한 타 지역 퀴어문화축제에서 들려오는 지자체의 장소 사용 불 허 소식은 이들을 긴장하게 한다. 2019년 1회 축제 때에 는 혐오 세력이 가진 정보가 별로 없어 장소를 마련하는 게 비교적 쉬웠지만, 이제는 무슨 일이 벌어질지도 모른 다는 생각이 든다. 안전한 퀴어문화축제를 열기 위해서 는 혐오 세력이 사라져야겠지만, 혐오에 지지 않으려는 행정청의 노력도 필요하다.

실제 1회 축제 때에도 창원 지역에서 퀴어문화축제 가 열린다는 소식을 들은 보수 교계는 축제가 열리지 못 하도록 열을 올렸다. 축제 개최 두 달 전부터 매주 토요일 마다 축제가 열릴 만한 장소에 집회 신고를 내고, 반대 기 자회견을 열어 퀴어문화축제에 대한 허위·왜곡 주장을 퍼뜨렸다. 민원 폭탄을 맞은 경찰은 약 한 달간 이어진 장 소 조율 과정에서 조직위에 창원광장을 사용하지 않겠다 는 내용의 각서를 요구하기도 했다. 조직위가 이 각서를 쓰면 개신교인들이 축제를 방해하지 않겠다고 약속했다 는 이유였다.

축제 당일 경찰은 퀴어문화축제와 반대 집회 장소를

분리하고 안전장치들을 사전에 배치해 혐오 세력의 접근을 막았다. 얼핏 보면 잘한 일이다. 하지만 축제 장소를 겹겹이 둘러싼 경찰력은 오히려 참가자들을 고립시켰다. 퀴어문화축제의 목적은 우리 곁에 존재하는 성소수자를 드러내고, 이를 통해 성소수자의 인권을 증진하는 것이다. 혐오 세력의 방해를 빌미로 공권력이 퀴어문화축제를 꽁꽁 에워싸는 것은 축제의 의의를 퇴색시키는 일이 될 수 있다. 민규 위원장은 말한다.

"1회 축제 때 경찰에서 안전 펜스를 다른 지역에서 빌려 오면서까지 다 쳐 주고, 경찰 화장실 트럭을 네다섯 개씩 주겠다고 했어요. 대신 축제가 끝날 때까지 참가자들이 축제장 밖으로 나오지 못하게 통제해 달라고 했죠. 보통 다른 축제에서는 경찰 화장실 트럭을 빌리기 어렵다고 하더라고요. 언뜻 보기에는 저희를 위해 해 준 일 같지만, 알고 보면 참가자들을 가둬 두고 편하게 대응하겠다는 거였죠. '우리를 계속 감추려고 한다'는 느낌을 받았어요. 결국 저희가 '축제에서는 참가자들이 자유롭게 오갈 수 있어야지, 그렇게 가둬놓으면 축제가 될 수 있겠느냐'고 거부했죠."

민규 위원장은 2023년 경남퀴어문화축제에서 한 가

지 소망이 있다. 바로 '축복식'을 여는 것이다. 축제를 준비하며 다른 지역에서 열리는 퀴어문화축제에 수없이 다녀 본 그는, 그곳에서 성소수자들을 위해 축복식을 여는 목회자들을 때때로 만났다. 개신교인 파트너와 함께 교회에 가서 서로의 관계를 인정받는 경험을 한 적도 있다. 과거 혐오를 아무렇지 않게 내뱉는 일부 개신교인 때문에 극심한 고통을 겪기도 했지만, 개신교인들이 보여 주는 따뜻한 환대에 말로 표현되지 않는 '오묘한' 감정을 느꼈다. 그는 이 경험을 다른 이들과도 나누고 싶다. 그리고 성소수자를 반대하는 사람도 언젠가는 친구가 될 수 있다는 희망을 꼭 확인하고 싶다.

"저희도 개신교인들을 단편적으로밖에 모르는 경우가 많아요. 퀴어 당사자라고 해서 모든 걸 다 아는 건 아니죠. '개신교인들은 우리를 무조건 싫어할 거야'라는 식으로 알고 계시는 분도 있을 거예요. 개신교인들에게 겁을 먹는 분들도 많을 거고요. 그래서 더더욱 축복식을 열고 싶어요. 경남 도민 중에, 그리고 다른 지역에, 이런 분들도 있다는 걸 알리고 싶어요. 저희를 반대하고 혐오하는 개신교인들도 있지만, 그렇지 않은 개신교인들로부터 사랑이나 인정을 받는다면 큰 의미가 있을 것 같아요.

축제를 다니다 보면 예배를 진행하는 목사님들이 계세요. 2023년 5월에 열린 춘천퀴어문화축제에도 다녀왔는데, 사제님께서 저희를 위해 축복해 주시더라고요. 그런 식으로 저희를 환대해 주시는 분도 많아요. 그러다 보니까 '기독교인이라고 해서 무조건 우리를 내치지 않는구나', '내가 무조건 이 사람들을 거부하고 경계심을 드러낼 필요는 없구나'라고 생각하려고 해요.

그래서 요새는 이런 생각이 많이 들어요. 지금은 우리를 반대하는 개신교인들도 언젠가는 이해하게 될 거고, 시간이 지나면 우리를 이해해 주는 사람들이 더 많아질 거라고요. 우리가 이 사람들하고도 친구가 될 수 있겠구나, '우리'라는 이름으로 함께할 수 있는 사람들이구나라는 희망이 조금은 들어요."

11.
교회의 첫인상이 '혐오'였다

'아무도 차별받지 않는 세상'이라는 감각 공유하는
제주퀴어문화축제

2018년 제2회 제주퀴어문화축제. 퀴어퍼레이드가 시작되려 하자 일부 개신교인들이 입구를 막고 앉아 통성기도를 했다. 《제주경제신문》유튜브 갈무리.

윙(활동명)은 울고 있었다. 2017년 7월 15일 서울시청광장에서 열린 제18회 서울퀴어문화축제. 처음 참석해 보는 퀴어문화축제였다. 사람이 사람을 사랑한다고 하는 건데, 그걸 왜 이렇게까지 외쳐야 하는 것인가⋯. 일 년에 하루 이렇게 자신들을 드러낼 수밖에 없는, 성소수자들이 겪는 이 상황이 서글펐다. 축제였지만, 그는 울었다.

몇 년 전까지는 '혐오 세력'이었다. 윙은 대학 시절 한 선교 단체에서 활동했다. 졸업하고 나서도 간사로 몇 년을 일했다. 간사로 학생들을 만나면서 '동성애는 죄'라고 열심히 가르쳤다. 동성애는 치료가 가능한데, 그걸 하지 않는 것 또한 죄라고 가르쳤다. 그러면서도 한편으로는 평화운동에 관심이 있어 대학원도 가고, 그곳에서 '피스모모'를 소개받아 교육도 들었다. 피스모모의 실천평화학 수업에서 병역거부나 성소수자 인권에 대한 이야기를 들을 수 있었다. 보수적인 신앙관으로 세상을 바라보던 그에게는 모든 것이 생소했다.

"솔직히 저는 개신교인인데요. 동성애가 수간이랑

다른 게 뭔가요?"

　　지금 생각하면 혐오로 가득한 질문을 마구 던졌다. 에이즈는 어떻게 할 거냐, 도덕적으로 너무 더러워지는 것 아니냐…. 정말 궁금해서 던진 질문이었지만, 그때를 생각하면 윙은 지금도 얼굴이 벌개진다. 하지만 그때 강사였던 비온뒤무지개재단 한채윤 이사는 얼굴색 하나 변하지 않고 이런 질문들에 모두 답해 줬다. 그동안 너무 많이 받아 본 질문이라는 듯이, 아주 친절하게 대답해 줬다. 윙의 질문들이 공격하려는 의도가 아니라 정말 궁금해서 던진 것이라는 걸 알아주는 듯했다.

　　"오래된 이야기라 구체적으로 기억나진 않지만, 기본적으로 '사람이 사람을 사랑하는 문제다'라고 답해 주신 것 같아요. 폭력이 들어가면 사랑이 아니라고. 수간은 동의가 없는 것이니 폭력이라고. 그러나 남자와 여자가, 남자와 남자가, 여자와 여자가, 혹은 다른 성별 간에도 서로 동의가 있고 사랑을 한다면 무슨 문제가 되겠느냐고.

　　저는 너무 쇼크를 받았어요. 집에 와서 곰곰이 생각했죠. '사람이 사람을 사랑하는 게 죄가 될까?', '하나님이 그렇게 생각하지는 않으실 것 같은데, 그러면 이건 죄가 아닐 수도 있겠다'고…."

직접 눈으로 보기로 했다. 성소수자들의 축제에 가서 정말 그들의 정체가 무엇인지 확인하고 싶었다. 음란하다면 그 음란의 정도가 어떤지 직접 보고 싶었다. 그리고 현장에 갔을 때, 비로소 깨달을 수 있었다.

'사람이 사람을 사랑하는 것뿐이구나.'

눈물이 나왔다. 새로운 세상을 만났다는 감격? 그간 성소수자들을 혐오하며 살았다는 죄스러움? '동성애는 죄'라고 가르쳐 왔던 것에 대한 후회? 알 수 없는 감정들이 휘몰아쳤다.

현재 윙은 제주퀴어문화축제조직위원이다. 서울퀴어문화축제에서의 경험은 그를 크게 바꿔 놨다. 이후 제주 강정마을에서 평화운동을 접하고 제주에서 인권운동을 하는 사람들과 친분이 생겼다. 제주퀴어문화축제에 한 번씩 참가했다가, 아예 거처를 제주로 옮기게 되면서 2023년부터 조직위원회에 합류하게 됐다. 성소수자에 대해 오해만 쌓고 있었던 몇 년 전과 비교해 보면 말 그대로 환골탈태다. 혐오 세력이 앨라이가 되는 역사는 분명히 있다.

도대체 우리를 뭘로 생각하길래

제주퀴어문화축제는 2017년 시작됐다. 당시 대선 후보들의 '동성애 반대' 발언 때문에 사회적으로 성소수자 이슈가 부각됐다. 이후 정의당 김종대 의원이 군대에서의 항문 성교 등을 처벌하는 군형법 제92조의6 폐지안을 발의했다. 이때 제주의 한 시민사회 활동가가 성소수자 혐오 발언을 온라인에 게시해, 제주 내 활동가들 사이에서 논쟁이 벌어지게 됐다. 제주에서 평화운동, 인권운동, 정당 활동 등을 하던 사람들이 모여 이야기하다가 이참에 제주에서도 퀴어문화축제를 열어 보자는 데까지 이르렀다.

그렇게 2017년 10월 28일 제1회 축제가, 2018년 9월 29일 제2회 축제가, 2019년 9월 28일 제3회 축제가 열렸다. 2020년과 2021년은 코로나19로 쉬어 갔고, 2022년 10월 22일 제4회 축제가 열렸다. 네 번의 축제를 하는 동안, 매번 혐오 세력이라는 불청객이 등장해 참가자들을 괴롭혔다.

현재 제주퀴어문화축제조직위원회 공동조직위원장을 맡고 있는 현태림·임최도윤 위원장은 2018년 처음 제주퀴어문화축제에 참가했다. 이들이 참여한 2018년 제2

회 제주퀴어문화축제에서는 유독 혐오 세력의 방해가 심했다. 이때 반동성애 개신교인들은 축제 장소인 신산공원 입구에서 혐오 문구가 담긴 피켓을 들고 퀴어문화축제로 들어가는 참가자들을 방해하는 한편, 1킬로미터 떨어진 제주시청 앞에서 '제1회 제주생명사랑축제 & 선교대회'라는 맞불 집회를 열었다. 현태림 위원장은 이들의 방해로 전날부터 밤새 고생을 했다.

> "축제 전날 밤부터 혐오 세력들이 와서 축제 장소에 진을 치고 앉아 있었어요. 방해하려고 밤새 찬송가를 부르고 그랬어요. 저희 조직위원들과 활동가분들이 와 주셔서 밤새 돌아가며 공원을 지켰던 기억이 있어요.
> 다음 날 방해가 격해질 것 같아서 경찰이 펜스를 둘렀어요. 그래서 그들이 축제장 내부로 들어오지는 못했지만, 저희가 축제를 준비하는 아침부터 계속 통곡 기도? 그런 걸 했어요. 축제 진행할 때도 출입로에서 피켓을 들고 서서, 지나가는 조직위원이나 참가자들을 붙잡고 험한 말을 하는 경우가 많았어요."

반동성애 개신교인들의 방해는 극렬했다. 퀴어퍼레이드가 시작되자 100여 명이 출입로를 막고 앉아 통성기도를 하고 찬양을 불렀다. 경찰도 난감해했다. 결국 퀴어 퍼레이드 행렬은 출입로 옆 잔디밭 쪽으로 우회해서 도로로 뛰어나가야 했다. 개신교인들은 퀴어퍼레이드를 따라 다니면서 혐오 발언을 내뱉는 것은 물론, 삼삼오오 행진 경로에 드러누웠다. 퍼레이드는 가다 서다를 반복해야 했다. 퍼레이드 차량이 잠시 멈춰 있는 사이 한 반동성애 개신교인이 차량 밑으로 들어가는 일도 있었다. 임최도윤 위원장은 아찔했던 당시 상황을 설명했다.

"행진 경로를 바꾼다는 건 축제를 준비하는 입장에서는 엄청 큰일이에요. 집회 신고를 할 때 행진 경로를 미리 다 세팅하고 경찰과 소통해 놓은 상태인데, 행진 경로가 바뀐다는 것은 안전을 보장할 수 없다는 거거든요. 그쪽에는 펜스나 안전장치가 전혀 없었기 때문에 사방에서 손이 막 뻗어 나왔어요. 팔을 붙잡히고, 머리채가 잡히고, 깃대가 부러지는 상황들이 있었어요. 도로로 나가서 행진할 때도 트럭 밑에 사람이 들어가서 행진을 못 하게 하고. 위험한 상황이었지만 그 어떤 안전사고도 나지 않았는데, 가짜 뉴스가 퍼졌죠."

당시 《크리스천투데이》와 《국민일보》, 반동성애 블

로그 GMW연합은 각각 "퀴어축제 차량이 반대 시민을 덮쳤다", "반대 시민이 차량에 깔렸다", "퀴어축제 차량이 목사님을 밀고 지나갔다"는 허위 정보를 내보냈다. 다들 현장에 없었으면서 사진만 보고 지레짐작한 것이다. 차로 사람을 깔고 지나갔다니, 그들은 도대체 퀴어문화축제에 참가하는 성소수자들과 지지자들을 어떻게 생각하는 걸까.

"좀 너무하다는 생각이 많이 드는 게 사실이죠. 사람으로서 너무하다는 생각이 들고. 어느 정도까지 윤리의 선을 내려놓아야 하는 것일까 하는 생각도 들고…. 혐오라는 것이 단지 혐오 행위로 끝나는 것이 아니고, 선동 행위, 나아가서는 정치적인 행위로까지 넘어가면서, 퀴어들을 이 세계 안에서 같이 살고 있는 사람으로 느끼지 못하도록 끊임없이 시도하는구나 싶었어요. 그래서 저는 단지 감정적으로 슬프고 안타깝고 그런 걸 넘어서, 그런 정치적인 전략들을 하나하나 끊어 내야겠다는 생각을 했어요." [임최도윤]

"저는 그 사람이 차량 밑으로 들어가는 걸 옆에서 봤거든요. 이렇게까지 해야 하나라는 생각을 많이 했고, 너무 위험했고, 저도 놀랐는데…. 그 순간 저는 어느 정도 내려놓은

것 같아요. 그때까지는 우리가 어떻게 하면 이 사람들에게
도 닿을 수 있을까 하는 생각도 했거든요. 다른 방법을 찾아
서 더 열심히 해 봐야겠다고 생각했죠. 근데 이들의 혐오는
이미 너무 공고하더라고요. 그걸 제가 정면 돌파할 수 있는
방법은 솔직히 없다는 생각이 들었어요." [현태림]

두 사람 모두 살아오면서 개신교와 별다른 연이 없
었다. 퀴어문화축제에서의 경험은 교회와 크리스천에 대
한 이미지를 형성하는 데 큰 영향을 줬다. 첫인상이 혐오
였다. 물론 개신교가 다 그렇지 않다는 건 알고 있다. 임
최도윤 위원장은 어떤 집단이라도 프레임화하는 것을 우
려한다. 성소수자야말로 프레임화의 부당함을 가장 많이
겪는 사람들이기 때문이다. 하지만 이렇게 만난 개신교
가 좋은 인상일 리는 없다.

"교회라는 건, 크리스천이라는 건 저런 건가 생각했죠. 저
는 살아오면서 어떤 종교랑 가깝게 지낸 적이 없거든요. 저
에게는 개신교의 첫인상이 반대 집회였고, 누군가를 혐오
하는 모습이었던 거예요. 나의 존재를 인정하지 않는 집단
으로 인식된 것 같아요. 그래서 일상에서 기독교인을 만나
면 경계하게 되고 속 이야기를 하지 않게 돼요."

하지만 그들 역시 성소수자들의 친구가 되어 준 개신교인이 많다는 것을 알고 있다. 퀴어문화축제에 함께했다는 이유만으로 교계에서 따돌림과 징계를 당한 사람들도 있다. 어떤 무리에서 혼자 떨어져 나온 것 같은 그 기분은 성소수자들이 누구보다 잘 안다. 그런 크리스천들에게는 "끝없이 감사하다". 누군가 그리스도의 이름으로 제주퀴어문화축제에 찾아와 준다면 너무 반가울 것 같다.

"와서 축복식을 한다거나 이러지 않으셔도, 무언가를 특별하게 하지 않으셔도 충분히 감사하고 따뜻할 것 같아요."
[현태림]

"그런 분이 제주에 계신다는 걸 알게 된다면 이상하게 든든하고 힘이 될 것 같아요. 제주의 기독교 쪽은 정말 내 편 하나 없는 곳이라고 생각하고 있으니까요. 하지만 제주는 너무 좁으니까, 그분의 안위가 걱정되죠. 삶이 힘들어질 가능성이 크니까요." [임최도윤]

어떤 사회인가 한번 되물어 보라

제주퀴어문화축제를 방해하러 온 혐오 세력도 '음란 축제'라는 말을 빼놓지 않았다. 퀴어문화축제가 '공연음란죄'에 해당한다는 피켓을 든 사람도 있었다. 지금까지 제주퀴어문화축제는 9월 말이나 10월 말에 열려 노출이 그렇게 심한 옷을 입은 사람도 별로 없었다. 임최도윤 위원장은 퀴어문화축제를 음란하고 선정적이라고 하는 것은 부당하고 악질적인 프레임이라고 생각한다. 그에 대해서는 분노하지만, 퀴어문화축제가 선정적이지 않아야 한다고는 생각하지 않는다.

"무언가를 매도할 때 가장 쉬운 방법은 대상을 악마화·타자화하는 거잖아요. 실제로 '그렇다, 아니다'를 떠나, 이건 그냥 퀴어를 타자화하고 혐오하기 쉽게 만들기 위한 수단이라는 것을 모두가 아셨으면 좋겠어요. 그런 의미로 분노가 있는 거지, 퀴어문화축제가 선정적이지 않아야 한다고 생각하지는 않아요. '그러면 어때'라는 생각이 있어요. '입고 싶은 대로, 먹고 싶은 대로 사는 게 뭐 어때'라는 생각이.

저는 퀴어 이론이나 퀴어라는 정체감은 '몸'이랑 맞닿아 있다고 생각하거든요. 그래서 '몸의 해방'이라는 관점으로 노출하는 분도 많이 봤어요. '나는 여성의 몸이 아니야, 근데 네가 나를 여성이라고 생각하기 때문에 이걸 선정적으로 보는 거야' 하는 운동적인 의미로 행동하는 분들도 있거든 요. 애초에 단편적으로 '벗었으니까 야해' 이럴 문제가 아니라는 거죠."

윙은 우물 안을 벗어나자 새로운 시각으로 볼 수 있게 됐다. 그는 퀴어문화축제에서 성소수자들이 노출하는 것을 '울부짖음'이라고 느꼈다. 얼마나 억눌려 있었으면, 얼마나 온전히 자신을 드러낼 기회가 없었으면, 이날 하루 옷차림으로 자신을 표현하려 할까. 한편으로는 그들의 자긍심이 느껴졌다. 그것은 차별의 세상에서 자신을 숨기지 않겠다는 의지였다. 이것을 단지 '음란하다', '선정적이다'라고 일축해 버리는 보수 교계 언론의 보도는 문제라고 느낀다.

"일부만 발췌해서 '이번 축제도 음란했다'고 말하는 건 정말 악의적인 보도라고 생각해요. 너무 치사한 짓이죠. 또 그들이 올리는 사진에 나오는 사람들의 동의는 받았나 싶어요. 모자이크 처리를 했더라도, 그 사람은 '내 사진이니 지우라'고 하기 어렵단 말이에요. 자기를 언론사에 드러내기가 어려운 거죠. 이런 행태는 너무 폭력적이고 치사해요."

개신교인이 아니더라도 퀴어문화축제를 불편해하는 사람들이 있다. 무엇이든 그저 '논란'이 싫은 사람들이다. 퀴어문화축제가 열릴 때마다 맞불 집회가 열리니, 이것도 저것도 보기 싫다는 것이다. 이를 아는 듯, 반동성애로 무장한 개신교인들과 언론은 퀴어문화축제와 관련해 늘 '논란'을 일으키려 한다. '퀴어문화축제를 반대하지는 않지만, 어디 들어가서 조용하게 하라'는 말이 나오는 이유다.

"퀴어문화축제를 왜 하느냐는 질문을 들었을 때, 저는 '왜 하면 안 돼?'라는 물음표가 생기더라고요. 한국에 정말 다양하고 많은 축제가 있는데, 그 축제마다 찾아가서 '이거 왜 하는 거예요?' 이렇게 질문하지 않잖아요. 대화라는 건 상호작용인데, 일방적으로 뭔가 원하는 대답이 있는 것처럼 구는 사람들이 있어요. '나는 너를 지지해. 근데 이건 아닌 것 같아' 이런 태도죠. 그런 사람들과는 대화가 성립되지 않아요." [현태림]

"젠더와 섹슈얼리티를 말할 때 기초가 되는 건 '모든 것은 사회적으로 만들어진 것이다'라는 인식이에요. '굳이 공공

장소에서 시끄럽게 하느냐'는 말이 나오는 그 사고의 틀이 어디서 만들어진 것인지 되물어 봐야 한다고 생각해요. 저는 자꾸 지적하고 싶어져요. 당신이 그런 말을 쉽게 하게끔 한 사회는 어떤 사회인가 한번 되물어 보라고. 스스로 생각하고 깨져야 한다고 봐요. 저희가 뭔가를 설명하고 설득할 포지션은 아닌 것 같아요. 다만 힌트는 줄 수 있죠.

어떤 사람을 앨라이로 만드는 방법 같은 게 있다고 한다면, 저는 그게 '되물음'이라고 생각해요. 제 주변에는 그렇게 앨라이가 된 분이 많거든요. 제가 이런 활동을 하고 있다고 이야기하면, 100이면 100 그래요. '근데…' 이러면서 자기 의견을 말씀하세요. 그랬을 때 하나씩 되물어 가면서 이야기를 죽 진행하면 아주 선량한 앨라이가 되시더라고요.(웃음) 앨라이가 꼭 선량할 필요는 없지만, 굉장히 퀴어 프렌들리하게 변한 사람이 많아요." [임최도윤]

"저는 그냥 퀴어에 대한 인식이라기보다, 시위 문화, 사람들이 목소리를 내는 집회·시위의 자유에 대한 인식이 부족한 거라고 봐요. 누구라도 자기 권리가 침해당하면 목소리를 낼 수 있고, 그것에 연대해야 하는 게 시민의 의무라고 생각하거든요. 시민이 뭔지에 대한 이해가 부족하다, 시민교육이 덜 돼 있다고 느껴요. 잘사는 나라가 되기는 했지만, 시

민 의식은 천박한 국가 공동체가 된 것 아닌가 싶어요." [윙]

안전하게 숨 쉴 공간이 있다는 것

현태림 위원장은 제주가 고향이다. 2017년 육지에 있을 때 고향에서 퀴어문화축제가 열린다는 소식을 듣고 마음이 설렜던 것을 기억한다. 지금은 조직위원장으로서 퀴어문화축제를 준비하고 있다. 혐오 세력은 마치 싸움터처럼 만들고 싶어 하지만 퀴어문화축제는 '축제'다. 그는 퀴어문화축제가 어떤 커다란 논쟁의 장이 아니라 그냥 축제이기 때문에, 참가자들이 그저 편안한 마음으로 즐기러 와 줬으면 좋겠다고 했다.

"퀴어문화축제가 열린다는 건 내가 안전할 수 있는 물리적 공간이 생기는 거잖아요. 그게 저에게 아주 크게 다가올 때가 많거든요. 일상 속에서 계속 대면하게 되는 혐오와 차별에서 잠시라도 벗어날 수 있는 공간이, 삶을 살아감에 있어 큰 버팀목이 되는 것 같아요. 주변에 내가 나일 수 있게 지지해 주는 이들이 없는 사람도 있잖아요. 그럴 때 내가 안전할 수 있는 공간을 지켜 가는 사람들이 있다는 사실 자체가 우리를 불안하지 않게 해 주는 것 같아요. 일 년에 한 번뿐이라도 있으면 너무 좋을 것 같고, 그래서 어떤 형태가 되든 매년 이어졌으면 좋겠어요."

평화운동에 관심이 많은 윙은 제주가 특별하게 다가온다. 육지에 살다가 제주로 거처를 옮긴 이유도 강정마을 해군기지 투쟁 때문이다. 제주는 역사적으로도 많은 아픔을 겪었던 곳이다. 정체성을 숨기고, 자기 생각을 숨겨야 살아남을 수 있었던 곳이다. 그런 보수적인 분위기가 강한 곳에서, 퀴어라는 존재는 더욱 자신을 숨기고 위장하며 살아야 할 것 같다. 마치 아버지가 목사인데 아들이 게이인 것처럼, 제주에서 퀴어라는 것은 더욱 자기 정체성을 옴짝달싹할 수 없게 만드는 그런 환경이라고 생각했다.

"퀴어퍼레이드가 퀴어들이 조금이라도 숨 쉬는 구멍이 됐으면 좋겠다고 생각해요. 돌고래가 물 위로 숨 쉬러 2분에 한 번씩 나오는 것처럼요. 근데 제주의 돌고래들도 이제 여기는 해상 풍력발전소가 생겨서 안 되고, 여기는 해군기지가 생겨서 못 지나가고, 여기는 선박이 많이 다니니까 모터 소리 때문에 시끄럽고…. 그래서 지금은 대정읍 신도리 앞

바다에 모여 사는데, 제주 전역을 돌아다녔던 그 자유를 되찾아야 하지 않나 생각해요. 마찬가지인 것 같아요. 퀴어도 제주 전역을 돌면서 퍼레이드를 할 수 있어야 하는데, 잠깐 잠깐 숨 쉬러 나와야 한다는 게 너무 안타깝죠."

성소수자에게는 일상이 비일상과 같을 수 있다. 내가 나임을 인정받지 못하는 환경에서 일상을 살아가야 하기 때문이다. 퀴어문화축제는 내가 나로 살아가는 경험을 하는 곳이다. 내가 존재한다는 것을 세상에 보여 주는, 이 사회에서 함께 살아가고 있는 시민임을 보여 주는 장이다. 임최도윤 위원장은 그래서 퀴어문화축제가 계속돼야 할 뿐 아니라 더 많아져야 한다고 생각한다. 그리고 퀴어문화축제는 단지 성소수자와 그들을 지지하는 사람들에게만 유익한 것이 아니다. '아무도 차별받지 않는 세상'이라는 감각을 배울 수 있는 곳은 세상에 그리 많지 않다.

"사회가 점점 경쟁적으로 변하잖아요. 저는 청년 세대로서 또 살기가 각박하단 말이에요. 이런 사회에서 우리가 '아무도 차별받지 않는 세상'에 대한 인식을 공유하는 게 진짜 중요하다는 생각을 많이 했어요. 퀴어문화축제를 통해서 그런 인식이 더 공유됐으면 좋겠어요. 그러기 위해서는 우리가 연대의 힘을 꾸준히, 열심히 보여 줘야 한다고 생각해요. 그래서 더 많은 앨라이가 생기고 더 많은 차별에 저항하는 사람이 생기면 좋겠어요. 그게 시민 의식으로 굳어졌으면 하는 마음이에요."

12.
혐오 거세져도 평등 향한 걸음은 거스를 수 없다

진화하는 혐오에도 15년째 전진해 온
대구퀴어문화축제

2023년 대구퀴어문화축제를 앞두고 보수 교계는 '동성로상인회'와 함께 대구퀴어문화축제조
직위원회를 도로 무단 점용 및 불법 상행위 혐의 등으로 고발했다. 이는 15년째 동성로 일대
에서 문제 없이 열린 대구퀴어문화축제가 시민에게 불편을 주고 주변 상인들에게 손해를 끼친
다는 왜곡된 프레임이다. ©뉴스앤조이

퍼레이드 행렬이 출발하려고 할 때였다. 인도 옆에 서 있던 흰옷을 입은 청년 수십 명이 순식간에 선두에 있는 트럭을 향해 뛰어들었다. "순국하는 마음으로 이 사람들을 막아라!" 어디선가 외치는 소리가 들렸다. 청년들은 차량에 더욱 필사적으로 달라붙었다.

2014년 6월 28일 제6회 대구퀴어문화축제가 열린 대구 2·28기념공원. 흥겹게 출발해야 할 퍼레이드는 시작부터 방해에 가로막혔다. 이날 개신교인 1,000여 명은 정오부터 대구백화점 앞 야외무대 등 축제장 주변 곳곳에 모여 집회를 열었다. 주된 행사 이름은 '한가족 음악회'였지만 실상은 퀴어문화축제 반대 집회였다. 오후 5시 무렵, 퍼레이드 시간이 다가오자 이들은 행진 차량이 정차해 있는 길목으로 이동해 행진 경로를 막아서기 시작했다. 차량 바퀴 앞에는 압정과 송곳을 깔아 두기도 했다.

대구퀴어문화축제조직위원회 배진교 위원장은 청년들이 에워싼 선두 트럭에 올라 이 광경을 지켜보고 있었다. 집회 방해는 엄연한 불법행위이므로 경찰을 통해 이들을 끌어낼 수도 있었지만, 그렇게까지 하고 싶은 마음은 없었다. 경찰에게 우선 기다리겠다고 이야기한 뒤 한 시간 동안 "자발적으로 해산하라"는 안내 방송을 내보냈다. 트럭을 막아선 청년들은 미동도 없었다. 결국 경찰이 이들을 끌어내면서 행진은 시작됐지만, 얼마 못 가 다시 개신교인들이 나타났다. 이번에는 100명이 넘는 사람들이 도로에 주저앉아 울부짖으며 방언 기도를 하고 있었다. 30분 넘게 대치가 이어졌다.

배진교 위원장은 트럭에서 뛰어내려 행렬 끝으로 향했다. 참가자들과 몸을 돌려 반대 방향으로 행진했다. 계획한 경로로는 가지 못했지만, 이들은 포기하지 않고 끝까지 퍼레이드를 이어 갔다. 극렬히 기도하던 개신교인들은 축제 참가자들이 현장을 떠났다는 소식이 전해지고 나서야 해산했다.

"광기를 느꼈죠. 정상적인 생각을 하는 게 맞는지, 이성적으로 행동하는 건지 의심스러웠어요. 축제 참가자들의 휴대폰을 빼앗고, 피켓을 부수고, 진행되고 있는 집회에 뛰어들어서 방해하고… 이건 반대를 넘어서서 완전히 폭력적인 행위잖아요.

우리가 그렇게 취급받아야 하는 존재는 아닌데, 아무렇지 않게 폭력을 행사하고, 혐오를 내뱉고, '동성애는 죄악'이라고 비난하는 개신교인들에게 화가 나고 답답해요. 일방적으로 자기주장만 계속하고, 말이 통하지 않으니까요. 그러면서도 보고 있으면 안쓰럽다는 생각도 들어요. 아마 정확한 정보나 자기 소신을 바탕으로 나오기보다는 교회에서 가자고 하니까, 목사님이 잘못됐다고 하니까 저렇게 하시는 것 같은데요. 이제는 혐오 세력을 만나면 '이분들이 무슨 죄야. 선동한 사람들이 잘못한 거지'라고 생각해요."

존재를 반대할 수는 없다

대구퀴어문화축제는 2009년 처음 시작했다. 서울을 제외하고 가장 오래된 퀴어문화축제로, 매년 동성로 일대에서 열렸다. 처음에는 축제를 방해하는 이들도 없었다. 주변을 오가는 시민들이 축제장에 잠시 앉아 쉬기도 하고, 함께 손뼉 치며 풍물패 공연을 즐기던 평화로운 축제였다.

보수 개신교인들이 축제를 본격적으로 방해하기 시작한 건 2014년 제6회 축제부터였다. 퀴어문화축제가 열린다는 소식을 알게 된 대구기독교총연합회는 대구시청 등에 항의 전화를 걸고, 홈페이지 게시판에 민원을 넣는 등 퀴어문화축제를 집중적으로 공격했다. 축제가 예정대로 개최되자, 대구기독교총연합회와 예수재단, 에스더기도운동본부 등에서 동원된 개신교인 약 1,000명이 축제장 인근 곳곳에서 반대 집회를 열었다. 퍼레이드에도 난입해 행진을 극렬하게 방해했다.

배진교 위원장은 15년째 퀴어문화축제를 이어 오며 온갖 고초를 겪었지만, 이때를 잊을 수 없다. 그동안 안전하고 평화롭게 열리던 축제에 온갖 폭력과 혐오 발언이 난무하기 시작했다. '우리가 퍼레이드를 한다는 게 이렇게까지 반대할 일인가', '모든 창조물을 다 하나님이 창조하신 거라면 우리도 그중 하나 아닌가, 그런데 왜 우리는 인정받지 못할까'. 이해되지 않는 것 투성이었다. 그중에서도 성소수자의 존재를 '반대'한다는 말이 가장 이해되지 않았다.

"어떤 사안에 대해 반대할 수는 있죠. 사실 저는 '퀴어문화축제를 좀 더 조용한 데 가서 해', 아니면 '안 보이는 곳으로 가' 이런 이야기는 충분히 나올 수 있다고 생각해요. 하지만 성소수자는 사람이거든요. 저는 사람이 어떤 모습으로 살든 찬성하거나 반대할 수 있는 문제가 아니라고 생각해요. 이미 함께 살아가고 있는 성소수자의 존재를 반대하고, '너희들은 죄악이야'라고 말하는 건 개신교답지 않죠. 하나님이 지금 여기에 계신다면 성소수자들을 혐오하고 반대하라고 했을까요?"

그는 개신교인은 아니지만 어린 시절 공동체 역할을 하던 교회에 좋은 기억을 가지고 있었다. 하지만 퀴어문화축제를 방해받는 경험을 하고 나서는 교회와 개신교인에 대한 두려움이 생겼다. 누군가 교회에 다닌다고 하면, 성소수자를 부정하고 혐오할 것이라는 생각이 자동으로 든다.

"주변에 누가 교회 다닌다 그러면 일단 '성수소수자에 대한 인식은 안 좋겠구나', 그리고 '누군가를 혐오하는 것을 아무 죄의식 없이 하겠구나'라는 생각부터 들어요. 저는 인간이 가장 힘들 때, 세상 끝에 있다고 느낄 때 찾게 되는 게 종교라고 생각하거든요. 하지만 퀴어문화축제를 반대하는 개신교인들을 보면 '종교라는 게 대체 뭔가', '종교에 빠지면 사람들이 저렇게 무섭게 바뀌나' 하는 공포를 느끼게 돼요. 물론 개신교인들이 다 그런 건 아니지만, 퀴어문화축제에서 보여 주는 행동들을 보면 그렇거든요.

성소수자를 혐오하는 일부 교회는… 우리가 평화롭게 공존하기 위해서 필요하지 않은 '빌런' 정도로 생각해요. 이런 교회들이 없어져야 사회가 좀 더 평화롭고, 평등하고, 누군가 아프거나 상처받지 않고 살 수 있지 않을까요. 개신교가 좀 더 따뜻하고 많은 사람에게 사랑받는 종교였으면 좋겠는데, 많이 안타까워요."

왜 이웃을 사랑하라는 말을 안 지키나요?

이듬해 2015년에 열린 제7회 대구퀴어문화축제에서는 '인분 테러'가 있었다. 퀴어문화축제에 참가한 슬기(예명)는 그 장면을 직접 목격했다. 행진 도중 한 사람이 갑자기 돌진하더니 사람들이 비명을 지르며 '모세의 기적'처럼 양 옆으로 갈라졌다. 온몸에 인분을 바른 사람은 선두에 있던 대형 현수막을 훼손하기 시작했다. 고약한 냄새가 났다. 슬기는 당시 그가 뭐라고 말했는지 잘 떠오르지 않지만 "예수 천국"이라고 외쳤던 것만은 기억한다.

슬기는 퀴어문화축제에서 인분 테러 사건만큼이나 충격을 받은 적이 한 번 더 있다. 교제하던 애인의 교회가 대구퀴어문화축제 반대 집회에 참석했던 때였다. 한 청년 교인이 기자를 사칭해 프레스증을 받은 뒤 퀴어문화축제 참가자들을 몰래 촬영했다는 것을 애인을 통해 알게 됐다. 그는 성소수자를 혐오하기 위해 남을 속이기까지 하는 개신교인들의 모습에 경악했다.

"보수 개신교인들은 저희를 같은 사람으로 안 본다는 생각이 들어요. 십계명에 분명히 '거짓말하지 말라'고 나와 있잖아요. 자기들이 그렇게 믿고 의지하는 하나님의 십계명을 어기면서까지 혐오하겠다는 건데, 너무 충격이었어요. 너무 화가 나서 며칠간 잠도 안 오더라고요. 그나마 남아 있던 인류애가 다 부서지는 느낌?

사실 반대 집회에 참여한 사람들의 피켓에 담긴 문구는 하나도 안 무섭거든요. 근데 피켓을 들고 있는 사람들의 표정은 무서워요. 저희를 악마처럼 봐요. '저것들 어떻게 해 버리겠다'는 눈빛이 보여요. 저희는 신나서 춤도 추고 퍼레이드를 하는데, 저희를 둘러싼 개신교인들은 '저 악마의 자식들…' 하는 표정이에요."

슬기는 가톨릭 신자이다. 그는 예수의 가르침을 공유하는 개신교인들이 왜 성소수자를 향해서는 '이웃을 사랑하라'는 말을 실천하지 않는지 의문이 든다. 예수는 당시 죄인, 병든 사람, 약자 등 사회적 소수자를 환대했다. 그런 예수라면 성소수자 또한 배척하지 않았을 것이다.

"왜 내가 배운 거랑 다른 걸 하고 있을까 그런 생각이 많이 들어요. 예수께서는 분명히 그 당시 시대적 배경으로 볼 때 죄인이라고 여겨지는 사람들, 약자들, 성소수자나 다름없는 사람들을 품고 다니셨단 말이에요. 그런데 정작 지금의 개신교인들은 성소수자를 품지 못하고 있잖아요. 그 가르침을 받았으면 똑같이 해야죠. 왜 이웃을 사랑하라는 말을 안 지키나요? 이웃을 사랑하면 그렇게 나올 수가 없어요. 우리를 이웃으로 안 보는 거잖아요. 성소수자는 어떻게 보면 교회에서 더 환영하고 안아 줘야 하는 사람들이에요. 그런데 배척하고만 있으니, '저 사람들은 더럽고 우리는 청결하다'고 하던 바리새인들과 뭐가 다른지 모르겠어요."

그는 가톨릭 내부에서 더디지만 성소수자를 포용하려는 움직임이 일고 있다는 것을 안다. 하지만 개신교에서는 그런 모습이 잘 보이지 않는다. 내부의 부패를 가리기 위해 성소수자라는 외부의 적을 만들고 있다는 생각도 든다.

"천주교에서는 본당마다 조금씩 다르지만 성소수자 사목을 하려는 분이 계세요. 서울대교구장 주교님께서는 성소수자와 대화를 하겠다는 이야기를 하시기도 했고요. 느리지만 조금씩 변화가 있어요. 그런데 개신교는 물론 교단마다 다르겠지만 가장 큰 교단이 혐오에 앞장서고 있으니까…. 저는 도대체 그런 모습을 보고 교인들이 뭘 배우겠나 하는 생각이 들어요."

청소년에 악영향 미치는 건 '혐오 선동'

대구퀴어반대대책본부 등 보수 개신교 단체들은 제15회 대구퀴어문화축제를 10일 앞둔 2023년 6월 7일, 법원에 대구퀴어문화축제 집회 금지 가처분을 냈다. 전년도 축제에서 '파워풀 퀴어 청소년', '섹스하는 퀴어 청소년'이라고 적힌 콘돔을 나눠 주고, 노출이 심한 복장을 하고 퍼레이드를 한 것이 청소년들에게 음란을 조장했다는 이유다.

배진교 위원장은 이 같은 주장이 왜곡·과장됐다고

단호히 말한다. 현행법상 청소년이 콘돔을 구매하는 것은 불법이 아니고, 콘돔을 배부하는 건 안전한 성생활을 위함이지 성관계를 조장하는 게 아니기 때문이다. 청소년에게 악영향을 미치는 것은 퀴어문화축제가 아니라 성소수자의 존재를 부정하고 낙인찍는 보수 개신교의 혐오 선동이다.

"퀴어문화축제를 반대하는 개신교인들은 '청소년 시기에 성소수자가 되면 다 죽는다'고 이야기해요. 그건 어찌 보면 맞는 말이에요. 학교에서는 다양한 성에 대해 가르치지 않고, 용기 내서 이야기를 꺼내면 혐오부터 하니까요. 이야기 할 곳이 없는 청소년들은 점점 자기만의 굴을 파게 되고, 극단적인 선택까지 하게 되는 거예요. 저는 청소년들이 이런 비극적인 선택을 하도록 앞장서는 곳이 일부 개신교회라고 생각해요. 존재를 부정하고, 이들이 용기 내서 축제 현장에 나왔을 때 '회개하라, 너희들은 지옥에 떨어질 거다'라면서 비난하는데 어떻게 온전하게 일상생활을 할 수 있을까요."

참가자들이 노출이 심한 복장을 한다는 것도 성소수자 혐오를 정당화하기 위한 주장이다. 축제가 열리기 한 달 전, 대구에서는 '파워풀 대구 페스티벌'이 열렸다.

전라 상태인 사람들이 보디페인팅을 하고 거리를 행진했지만, 보수 교계는 이들을 음란하다고 말하지 않았다. 슬기는 보수 개신교인들이 퀴어문화축제를 선정적이라고 비판하려면 최소한 일관성이라도 갖췄으면 좋겠다고 말한다.

> "제가 축제에 갔을 때 튀는 옷을 입거나 웃통을 벗은 사람도 있긴 있었어요. 근데 그게 뭐 어때서요? 더우면 웃통을 벗을 수도 있고, 좀 튀는 옷을 입을 수도 있는 것 아닌가요? 퀴어문화축제 말고 일반인들이 코스프레하는 데 가면 그 '음란'한 걸 더 많이 볼 수 있어요. 근데 개신교인들이 그건 음란하다고 안 하잖아요. 꼭 퀴어문화축제 참가자들만 짚어서 이야기하는데 완전 선동이라고 생각해요. 직접 와서 봐 놓고도 그렇게 얘기하는 걸 보면 정말 웃겨요."

배진교 위원장은 성소수자들의 노출을 이해하기 위해서는 역사적 맥락을 살펴야 한다고 말한다. 퀴어문화축제에서 옷을 벗는 행위에는 평소 자기 정체성을 감추고 살아가는 성소수자들이 이날만큼은 자신의 온전한 존재를 드러내겠다는 의미가 담겨 있다. 이는 퀴어문화축제의 시초가 된 1969년 스톤월 항쟁으로부터 이어진 하나의 퍼포먼스다.

"의복이라는 것은 사회에서의 위치를 보여 주는 것이기도 하잖아요. 의사면 의사 가운을 입고, 판사는 판사복을 입는 것처럼요. 역사적으로 성소수자들은 퀴어문화축제에서만큼은 차별과 억압을 다 벗어 버리고 오롯이 나로 존재하고 싶다는 의미에서 옷을 벗는 퍼포먼스를 시작했어요. 그러니까 옷을 벗는 행위는 저항의 의미가 담겨 있는 퍼포먼스인 거죠. 퍼포먼스는 퍼포먼스로 봐 주셨으면 해요. 퀴어문화축제가 보기에 많이 불편하실 수도 있어요. 우리가 여태까지 익숙하게 봐 왔던 성별 이분법, 성별 고정관념, 이성애 중심 가부장제 등을 완전히 전복시키니까요. 그렇다고 인정하지 않거나 거부할 수는 없어요. 자신을 드러내고, 있는 모습 그대로 당당하게 살기를 원하는 것은 시대의 흐름이에요. 기존의 사고를 기준 삼아서 보기 불편하다고 반대하기보다, 변화하는 흐름을 읽으셨으면 좋겠어요."

예수님을 닮고 싶다면

2014년 보수 개신교인들의 조직적인 퀴어문화축제

방해 행위가 시작된 이후, 그 양상도 조금씩 변화하고 있다. 과거처럼 퍼레이드 행렬을 집단으로 막아서거나, 참가자들에게 극렬한 폭력 행위를 저지르는 이들은 점차 줄고 있다. 개신교 색채를 빼려는 움직임도 나타나고 있다. 실제 2018년 대구퀴어문화축제를 앞두고 대한예수교장로회 합동 산하 기독청장년면려회 대구·경북협의회는 행동 지침을 공유하며, '절대 하지 말아야 할 행동'으로 "소리 내어 기도(극우 보수 기독교 언론 프레임. 퀴어 측이 가장 좋아하는 대응 방법), 퀴어 측을 향해 소리 지르며 충동"을 언급하기도 했다.

2023년 대구퀴어반대대책본부 등 개신교 반동성애 단체들은 퀴어문화축제가 열려 온 동성로에서 장사하는 상인회와 함께 대구퀴어문화축제조직위원회를 고발했다. 대구퀴어문화축제가 도로를 무단으로 점용해 시민들에게 불편을 주고, 상인들도 손해를 본다는 것이었다. 배위원장은 이 같은 주장이 '진화한 혐오'에 불과하다고 말한다.

"혐오도 점점 진화하고 있어요. 보수 개신교인들이 처음에는 '동성애는 죄악이다', '너희는 지옥에 간다. 그러니까 회개하라'는 일차원적인 내용으로 반대했거든요. 이건 누가 봐도 개신교인들이 반대한다는 걸 명확하게 알 수 있었죠.

그런데 여론이 개신교를 비난하는 쪽으로 형성되다 보니까, 점점 교회 색을 빼기 시작한 거예요. 자기들이 선량한 시민인 것처럼 하는 거죠. 반대하는 주체는 똑같은데 성경이나 하나님을 지우려고 애를 많이 쓰더라고요.

저는 처음에 정말 상인회에서 고발하신 줄 알고 좀 의아했어요. 왜냐하면 서울의 경우는 오히려 상인회에서 퀴어문화축제를 유치하려고 애를 쓰거든요. 퀴어문화축제를 하게 되면 많은 사람이 모이니까요. 퀴어문화축제가 지역 상권에도 이익이 되는 거죠. 깜빡 속을 뻔했어요. 알고 보니까 상인회 회장님도 교회를 다니는 분이더라고요.

언론을 보면 저희가 상인회에 3조 원 정도 손해를 끼쳤다고 돼 있는데요. 한 달에 월세 400만 원씩 내는데 그날 문을 닫아서 손해가 이만저만이 아니라고요. 3조 원이면 대구시 몇 개월 예산과 맞먹어요. 되게 놀랐죠. '우리가 그 정도구나' 하고요.(웃음) 저희 집회 장소 반경에 있는 상가들에 다 물어보고 싶어요. 정말 퀴어문화축제가 상권에 손해를 끼친다고 생각하는지요. 저는 이런 주장이 결코 상인회 전체의 의견이라고 생각하지 않아요."

배 위원장은 보수 교계의 퀴어문화축제 방해 행위는 더 거세질 것이라고 생각한다. 시대는 조금씩 평등하게 변하고 있고, 그럴수록 위협받는 것은 가부장제나 이성애 중심 사고를 하는 이들이기 때문이다. 그동안 누려 온 기득권을 유지하기 위해서는 저항이 세질 수밖에 없다. 하지만 그는 퀴어문화축제를 비롯해 평등을 향한 걸음은 거스를 수 없다고 말한다.

"이미 전 세계 34개국(2023년 9월 기준)에서는 동성혼을 시행하고 있고, 법적으로 인정하는 것까지는 아니지만 지자체의 권한으로 인정해 주는 곳도 굉장히 많아요. 저는 이런 흐름 안에 지금 우리도 있다고 봐요. 그래서 반대는 더 거세질 것이고, 더 조직화할 거라고 생각해요. 하지만 실제로 평등을 열망하는 시민들은 계속 늘어나고 있죠. 그러니까 보수 개신교인들에게 이렇게 조언하고 싶어요. '반대를 조직하는 데 더 힘을 쓰셔야 할 겁니다'라고요."

슬기는 한동안 퀴어문화축제에 나가지 않고 사진으로만 현장의 분위기를 느껴 왔다. 성소수자이자 가톨릭 신자로서 혐오 세력을 마주하는 게 힘겨워서다. 그럼에도 그는 다시 용기를 내 퀴어문화축제에 참가하고 싶다. 성소수자를 포용하는 것이 예수가 이야기한 '사랑'이라고 믿기 때문이다. 그는 퀴어문화축제를 반대하는 개신교인들에게 이 말을 전하고 싶다.

"다들 예수님의 제자가 되고 싶고 예수님처럼 되고 싶다고 하는데, 왜 예수님처럼 실천하지 않는지 고민해 봤으면 좋겠어요. 저는 성소수자를 포용하는 게 예수님의 사랑을 실천하는 방법이라고 생각해요. 같은 예수님을 믿는 입장에서 그렇게 이야기하고 싶어요."

퀴어문화축제 방해 잔혹사

사랑이 혐오를 이겨 온 10년

초판 1쇄 발행 2023년 9월 9일

기획 뉴스앤조이
지은이 구권효·나수진
펴낸이 오은지
편집 오은지·변우빈
디자인 디자인 과수원
제작 세걸음

펴낸곳 도서출판 한티재
출판등록 2010년 4월 12일 제2010-000010호
주소 42087 대구시 수성구 달구벌대로 492길 15
전화 053-743-8368   팩스 053-743-8367
이메일 hantibooks@gmail.com
블로그 blog.naver.com/hanti_books
한티재 온라인 책창고 hantijae-bookstore.com

ⓒ 구권효·나수진 2023
ISBN 979-11-92455-29-7 03300